CRM
(*Customer Relationship Management*)

CRM
(*Customer Relationship Management*)
MARKETING DE RELACIONAMENTO, FIDELIZAÇÃO DE CLIENTES E PÓS-VENDA

2019

Luiz Claudio Zenone

CRM (CUSTOMER RELATIONSHIP MANAGEMENT)
MARKETING DE RELACIONAMENTO, FIDELIZAÇÃO DE CLIENTES E PÓS-VENDA
© Almedina, 2019
AUTOR: Luiz Claudio Zenone
EDITOR DE AQUISIÇÃO: Marco Pace
COORDENAÇÃO EDITORIAL: Karen Abuin
ASSISTENTE EDITORIAL: Isabela Leite
REVISÃO: Vic Vieira
DIAGRAMAÇÃO: Almedina
DESIGN DE CAPA: Roberta Bassanetto
ISBN: 9788562937217

Dados Internacionais de Catalogação na Publicação (CIP)
(Câmara Brasileira do Livro, SP, Brasil)

Zenone, Luiz Claudio
CRM (Customer Relationship Management) : marketing
de relacionamento, fidelização de clientes e
pós-venda / Luiz Claudio Zenone. -- São Paulo :
Almedina, 2019.

Bibliografia.
ISBN 978-85-62937-21-7

1. Clientes - Contatos 2. Clientes - Fidelização
3. Clientes - Relacionamento - Administração
4. Marketing de relacionamento 5. Tecnologia da informação I. Título.

19-28973	CDD-658.812

Índices para catálogo sistemático:

1. CRM : Customer Relationship Management :Administração de empresas 658.812

Cibele Maria Dias - Bibliotecária - CRB-8/9427

Este livro segue as regras do novo Acordo Ortográfico da Língua Portuguesa (1990).

Todos os direitos reservados. Nenhuma parte deste livro, protegido por copyright, pode ser reproduzida, armazenada ou transmitida de alguma forma ou por algum meio, seja eletrônico ou mecânico, inclusive fotocópia, gravação ou qualquer sistema de armazenagem de informações, sem a permissão expressa e por escrito da editora.

Setembro, 2019

EDITORA: Almedina Brasil
Rua José Maria Lisboa, 860, Conj.131 e 132, Jardim Paulista | 01423-001 São Paulo | Brasil
editora@almedina.com.br
www.almedina.com.br

À minha esposa, Rosinéa Pereira Zenone,
e aos meus filhos, Arnaldo Zenone Neto e
Ana Carolina Zenone.

AGRADECIMENTOS

Os conceitos e ideias tratados nesse livro foram desenvolvidos ao longo de vários anos de estudo, pesquisa e, sobretudo, de muito trabalho. Assim sendo, homenageio aqueles que aceitaram minha argumentação, debateram pensamentos e que muito me encorajaram a publicar e atualizar essa obra: agradeço ao Nosso Divino Criador, a todos os meus Mestres e Mentores, minha Família, Amigos e Alunos!

SUMÁRIO

AGRADECIMENTOS	7
PREFÁCIO	13
INTRODUÇÃO	15

CAPÍTULO 1. O RELACIONAMENTO COMO DIFERENCIAL COMPETITIVO — 23

1.1 A União do Marketing Padronizado ao Personalizado	29
1.2 O Marketing Orientado para o Relacionamento	32
1.3 A Evolução – Do Foco no Produto à Atenção Maior no Cliente	34
1.4 Marketing, Tecnologia e Processos	35
1.5 A Descoberta do Conhecimento e o Processo de Diferenciação	36
1.6 Referências	39

CAPÍTULO 2. MARKETING DE RELACIONAMENTO E SEUS CONCEITOS BÁSICOS — 41

2.1 Característica do Marketing de Relacionamento	44
2.2 Colocando em Prática a Nova Filosofia	45
2.3 O Marketing a Partir do Banco de Dados (*Database* Marketing)	49
2.3.1 Database Como Ferramenta de Apoio aos Profissionais de Vendas	53
2.3.2 Venda Cruzada (*Cross-selling*)	56
2.3.3 Comunicação Dirigida e o Marketing Direto	57
2.3.4 Programas de Fidelização	60

CRM (*CUSTOMER RELATIONSHIP MANAGEMENT*)

2.4	Banco de Dados, o Caminho para a Diferenciação	60
2.5	Referências	61

CAPÍTULO 3. O GERENCIAMENTO DO RELACIONAMENTO COM O MERCADO (CRM) — 63

3.1	O CRM e a Tecnologia da Informação	64
3.2	A Arquitetura da Solução	67
3.3	*Data Warehouse, Data Mart* e *Data Mining*	69
3.4	CRM e sua Visão Estratégica	72
3.5	Referências	74

CAPÍTULO 4. O PROCESSO DE ATENDIMENTO AO MERCADO — 75

4.1	O Conceito de ERP (*Enterprise Resource Planning*)	77
	4.1.1 Um Pouco de História Sobre o ERP	80
	4.1.2 Principais Conceitos dos Sistemas ERP	82
	4.1.3 Objetivos Estratégicos do ERP e Benefícios quanto à sua Utilização	84
4.2	Otimização da Logística e a Gestão da Cadeia de Suprimentos (SCM)	86
	4.2.1 Um Pouco de História Sobre a Evolução da Logística e a Evolução para o SCM	87
	4.2.2 Conceito de Logística	89
	4.2.3 *Supply Chain Management* (SCM)	91
4.3	As Atividades Gerenciais e o Processo de Atendimento ao Mercado	93
4.4	Referências	96

CAPÍTULO 5. O PROCESSO DE PÓS-VENDA (PPV) — 97

5.1	Definindo o Serviço de Atendimento	98
	5.1.1 A Arquitetura do Serviço	99
5.2	O Marketing do Pós-Venda	101
5.3	Do SAC ao *Call Center*	102
	5.3.1 A Visão Estratégia do *Call Center*	105
5.4	O Serviço de Pós-Venda	109
	5.4.1 O Papel do Telemarketing	111
	5.4.2 O Papel da Internet	112
	5.4.3 O Papel do Ombudsman na Gestão do Relacionamento	118
5.5	Marketing de Serviços e o Comportamento do Consumidor	119
	5.5.1 Qualidade como Vantagem Competitiva	121

5.5.2	Os Seis Critérios da Boa Qualidade Percebida do Serviço	122
5.5.3	Fatores que Podem Causar Fracasso na Entrega dos Serviços ao Cliente	123
5.6	Referências	124

CAPÍTULO 6.	CONSIDERAÇÕES FINAIS	127
6.1	As Principais Variáveis do Marketing de Relacionamento	128
6.1.1	Clientes (*Customers*)	128
6.1.2	A Influência da Cultura e dos Valores na Gestão do Relacionamento	130
6.1.3	A Importância da Liderança	131
6.1.4	Estratégia Aplicada aos Relacionamentos	132
6.1.5	Estrutura Organizacional com Foco no Mercado	132
6.1.6	O Papel das Pessoas	133
6.1.7	Tecnologia da Informação em Benefício do Relacionamento	134
6.1.8	Conhecimento e Percepção	135
6.2	A Prática do CRM nas Relações *Business to Business*	137
6.2.1	Empresa de Grande Porte – Voltada a Relacionamento – Margem Positiva Alta	144
6.2.2	Empresa de Grande Porte – Estratégico – Margem Zerada	145
6.3	Referências	147

SOBRE O AUTOR	151

PREFÁCIO

O objetivo deste trabalho é explicar por que a gestão moderna de marketing das organizações deveria inteirar-se melhor do que o conceito de CRM (*Customer Relationship Management*) tem a oferecer.

É importante reforçar que o desenvolvimento de estratégias voltadas para o cliente é o principal desafio das empresas, que passaram um longo tempo focadas na política de produtos ou preocupadas apenas com as vendas.

Os problemas mercadológicos enfrentados pelas empresas surgem em face do aumento das necessidades e das expectativas internas em função desse novo cenário, obrigando os especialistas de marketing a estarem constantemente monitorando o mercado, conhecendo suas características e necessidades, que se alteram constantemente, para que possam tomar decisões corretas a todo o momento.

Em geral, as empresas possuem muitos dados (não informações) armazenados (não organizados), utilizados para suportar operações como faturamento, cobrança, entrega, contas a receber e a pagar, estoques, comissões etc., ou um "cadastro" de clientes, que geralmente é um grande arquivo de nomes, endereços e informações, muitas vezes, irrelevantes.

Este novo enfoque do marketing permite ter um profundo conhecimento dos clientes e do mercado e, consequentemente, se constitui em uma eficaz ferramenta a serviço da competitividade estratégica. Para isso, precisamos entender o mercado, saber o que o consumidor precisa e quais são suas necessidades objetivas e subjetivas, isto é, psicológicas. Em outras palavras, quais produtos ou serviços, com que conceito, com que posicionamento e comunicação, atendem efetivamente àquilo que precisa ou deseja cada segmento de mercado ou cada consumidor individualmente.

Entretanto, quando se trata em implantação CRM nas empresas, o primeiro passo é verificar a viabilidade do projeto, ou seja, verificar se a empresa está suficientemente preparada para absorver essa nova cultura, e se está disposta a mudar. Além disso, é importante que a empresa saiba com clareza quais são as estratégias que serão desenvolvidas, os recursos que serão necessários para a implantação dos projetos e os resultados esperados.

O próximo passo é o desenvolvimento de uma estratégia voltada para o cliente utilizando as ferramentas de CRM – neste momento, não se está tratando apenas de software nem de hardware, mas de *humanware* (pessoas capacitadas para trabalhar com CRM). Conhecer as necessidades de cada área e auxiliar no desenvolvimento de estratégias direcionadas aos clientes é uma das atividades desse novo ramo que está surgindo nas empresas, denominado marketing de relacionamento.

O fato é que a demanda por esse perfil de profissional, capacitado para desenvolver a implantação tanto *técnica* (que tem como objetivo a customização do software, a transferência das informações etc.), como *tática* (que tem como objetivo a disseminação da cultura e o desenvolvimento de ação de relacionamento), vem crescendo, o que demonstra a preocupação e a importância desse conceito para o desenvolvimento das estratégias de marketing de uma empresa.

Este livro, portanto, é adequado a qualquer empresa, de qualquer porte, em qualquer ramo de negócios, uma vez que qualquer empresa pode e deve melhorar seu relacionamento com seus clientes, parceiros, fornecedores, colaboradores, acionistas, entre outros, implantando os conceitos desenvolvidos neste livro.

Introdução

Qualidade, produtividade e competitividade.

Três conceitos sinalizadores dos verdadeiros desafios para as empresas. Obsessivamente discutidos em reuniões, comentados em seminários e conferências sobre gestão e negócios, destacados pelas mídias[1], eles passaram a se constituir na trilogia do sucesso empresarial e, sem dúvida, transformaram-se em uma questão de ordem para a sobrevivência em mercados de alta competitividade.

Avanços sensíveis foram obtidos nas áreas de manufatura, finanças, administração, distribuição, entre outras. Grande parte dos resultados foi obtida graças a investimentos maciços em automação industrial, em informatização de processos e em automação de escritórios. Em outras palavras, o uso da tecnologia passou a ser o passaporte da modernização empresarial.

Nesse ambiente mercadológico competitivo, mais uma vez o uso da tecnologia, só que agora da Tecnologia da Informação (TI), surge como um fator importante e marca o desafio maior dessa nova era. Essa tecnologia é considerada um elemento importante para desenvolvimento organizacional e, principalmente, quando utilizada na gestão do relacionamento com o mercado[2]. No entanto, só o uso da tecnologia não basta, é necessário

---

[1] Mídia – entende-se por mídia todas as formas que possibilitem enviar uma mensagem do emissor até o receptor. Do ponto de vista da gestão de marketing, a mídia tem o objetivo de atingir o público-alvo da empresa com informações necessárias para o processo de tomada de decisão.

[2] Mercado – considerado o ponto de partida e chegada da atuação de marketing das empresas, é das realidades mais heterogêneas em termos de definição. Varia conforme os objetivos estratégicos e táticos, assim pode-se utilizar Mercado da Empresa, Mercado do Produto ou Marca, Mercado Geográfico de Atuação etc.

também um conjunto de estratégias voltadas para a garantia de um valor agregado ao produto ou ao serviço (*plus*), o que permite às empresas se diferenciarem dos seus concorrentes diretos (aqueles que comercializam o mesmo produto ou serviço) e indiretos (aquelas empresas que apesar de não comercializarem o mesmo produto ou serviço, atendem à mesma necessidade do público-alvo).

Não resta a menor dúvida de que reduzir custos (sem eliminar o valor oferecido) e ganhar vantagem competitiva (sustentável) passa a ser o resultado do quanto e de como as empresas pretendem investir em tecnologia, processos e pessoas aplicadas na melhoria do relacionamento com o mercado de atuação.

As empresas já sabem que a vantagem competitiva sustentável será maior para aquelas que responderem, de modo mais rápido, às mudanças de necessidades e demanda dos consumidores, criando alternativas sempre inovadoras para se anteciparem a elas.

Entretanto, muitas empresas ainda não têm a exata consciência das mudanças em suas estruturas, seus processos e estratégias necessárias para trabalhar com o "foco no cliente[3]".

Um ponto fundamental é que, para atuar com "foco no cliente", as empresas devem pensar na estratégia global de atendimento. Para isso, é necessário que todas as informações sobre o mercado, e principalmente sobre os clientes, estejam consolidadas, organizadas e disponíveis para todos os envolvidos no processo e, assim, desenvolver ações mercadológicas conjuntas e com estratégias cada vez mais personalizadas. Dessa forma, será possível conquistar melhores resultados para o negócio.

Para que uma organização tenha o "foco no cliente", alguns pontos são vitais para o sucesso (Boog, 2007):

- Liderança – Um ponto importante na gestão do relacionamento com o cliente é a presença da figura de um líder. Este deve ter visão ampla do que deve ser feito no processo de implantação e deve ser o elemento que acompanha a aplicação da ferramenta nas estratégias desenvolvidas pela empresa. Os líderes devem assumir o papel de entender o presente e visualizar o futuro que a empresa quer e/ou deve alcançar,

---

[3] Uma organização que pretende atuar com foco no cliente deve estar muito atenta; ela deve conhecer a fundo expectativas e aspirações, a fim de identificar precisamente o que os clientes querem, como querem, por que querem e aí atender e, se possível, superar essas expectativas, assegurando o encantamento, o que leva à fidelização.

além de terem responsabilidade sobre a forma com que conduzem a equipe. É importante também que esse líder saiba ouvir, tenha respeito pelas pessoas, seja proativo e busque sinergia com todos os envolvidos. Essas são tarefas fundamentais da figura de um líder que propiciam a empresa a iniciar uma mudança da cultura organizacional, dando ênfase ao atendimento e ao relacionamento com o cliente.

- Processos organizacionais orientados para o mercado – Se uma empresa deseja realmente reter ou fidelizar o cliente mediante ações de relacionamento, o ponto central é que toda a organização esteja em volta dele. Ter processos organizacionais focados no mercado significa que a empresa está disposta a ouvir os clientes, identificando suas necessidades e desejos e transformando esse conhecimento em ações organizacionais que possam ser transformadas em valor agregado. Quando se trata de transformar o conhecimento em valor agregado, significa que a empresa pretende oferecer da forma mais conveniente e responsável um conjunto de ideias e soluções adequadas às necessidades e desejos do cliente, que foram identificadas durante o processo de relacionamento.
- Relacionamento com fornecedores, parceiros, acionistas e colaboradores – Em um primeiro momento é preciso verificar que, quando se trata de estratégia de relacionamento, não se deve limitar apenas ao relacionamento com o cliente. É necessário entender que, para transformar necessidades em valor agregado, deve-se ter, sobretudo, bons relacionamentos com todos aqueles que interferem direta ou indiretamente na comercialização de produtos ou serviços para o cliente final, como fornecedores, parceiros, acionistas e colaboradores, entre outros. A gestão do relacionamento eficaz acontece quando todos os envolvidos entendem e compartilham os mesmos interesses e transformam o relacionamento em parceria.
- Visão sistêmica – Quando todos os envolvidos na gestão do relacionamento têm a visão global do processo e das respectivas responsabilidades de atender o cliente, pode-se estabelecer uma estratégia conjunta. Isso permite aumentar o poder da ação (aumentar a eficiência e eficácia) e eliminar ou compartilhar dos riscos. Por isso, a organização deve permitir visibilidade em todo o processo e, quando necessário, todos devem adaptar-se rapidamente às novas exigências do mercado.

- Decisões em tempo real e estratégias direcionadas a públicos específicos – O mercado vem exigindo das empresas decisões rápidas, o que torna um desafio maior, uma vez que elas têm de elaborar estratégias que antecipem eventuais necessidades e desejos. Além da velocidade com que as ações devem ser desenvolvidas, a empresa deve direcionar suas estratégias a públicos cada vez mais específicos, ou seja, deve-se estabelecer ações customizadas e personalizadas.

As observações de todos esses aspectos podem contribuir para que as empresas desenvolvam estratégias que, de fato, tenham o foco no cliente.

Como se pode perceber, no marketing é necessário o envolvimento de toda a cadeia de negócios, ou seja, da produção até a área financeira e do fornecedor até o intermediário, havendo permanente interação entre eles. Daí a importância da Tecnologia da Informação.

Não é um processo simples, mas a aplicação das novas ferramentas de negócios vem permitindo que as organizações experimentem, cada vez mais, novas estratégias de marketing, vendas e atendimento, com resultados bastante significativos. Esse é o enfoque que se pretende desenvolver durante a obra CRM (*Customer Relationship Management*) – Marketing de Relacionamento, Fidelização do Cliente e Pós-Venda.

A partir da Figura Intro.1, pode-se ter uma base conceitual deste livro, onde apresentamos a gestão organizacional dividida em três processos: de relacionamento com o mercado (PRM), de atendimento ao mercado (PAM) e de pós-venda (PPV), com a aplicação dos conceitos de CRM (*Customer Relationship Management*), ERP (*Enterprise Resource Planning*) e SCM (*Supply Chain Management*). No entanto, não deixaremos de tratar de alguns conceitos que possibilitam ter uma ideia das estratégias globais necessárias para as organizações que buscam um diferencial competitivo.

INTRODUÇÃO

Figura Intro. 1 – Gestão Organizacional com foco no mercado.

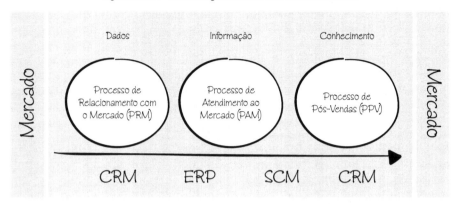

Todas essas questões foram estruturadas em seis capítulos. No Capítulo 1, serão apresentados a evolução do marketing e os principais desafios da gestão moderna.

No Capítulo 2, será apresentada a visão estratégica da gestão com foco no mercado. Será abordado também o tema marketing de relacionamento, que consiste na oferta de produtos e serviços atendendo às necessidades individuais de cada cliente. O destaque do capítulo está na mudança de enfoque do marketing, passando dos 4 Ps (Produto, Preço, Promoção e Ponto-de-venda) para os 4 Cs (Consumidor, Custo, Comunicação e Conveniência).

Ainda no Capítulo 2, será feito um destaque à tecnologia de banco de dados[4] que permite o gerenciamento de uma grande quantidade de informações e que torna viável as ações de relacionamento.

O Processo de Relacionamento com o Mercado (PRM), por meio do qual a empresa prepara a base de informações para o marketing de relacionamento, será desenvolvido no Capítulo 3. Nele, entenderemos melhor a união da estratégia de relacionamento e a tecnologia, apresentando os conceitos de *Customer Relationship Management* (CRM) e *DataBase Marketing* (DBM).

No Capítulo 4, o foco será o Processo de Atendimento ao Mercado (PAM), no qual a empresa transforma as informações em conhecimento e, conseqüentemente, em valor agregado ao mercado. Nesse momento,

---

[4] Banco de dados ou base de dados – conjunto de arquivos que contém diversas informações sobre o mercado-alvo da empresa, como clientes, formadores de opinião, fornecedores, parceiros, entre outros.

mostraremos a interação entre o CRM, o ERP e o SCM, além de apresentarmos a importância das "pessoas" no processo de gestão.

Os serviços de atendimento ao cliente (SAC e *call center*) e o conceito de marketing de pós-venda serão desenvolvidos no Capítulo 5.

Por fim, no Capítulo 6, retomaremos as principais variáveis da estratégia de relacionamento e trataremos de alguns conceitos que, cada vez mais, estão associados à gestão moderna de marketing.

Ao final da leitura desta obra, a proposta é, além de auxiliar os profissionais de mercado nos primeiros passos para a realização de uma gestão de marketing moderna, também preparar os alunos de graduação e pós-graduação, deixando-os aptos a:

- Entender as transformações no processo de fazer negócios das organizações, ou seja, a mudança do foco do produto ao foco no mercado.
- Entender a utilização da Tecnologia da Informação para ajudar as empresas na tomada de decisões estratégicas.
- Entender como transformar os conceitos em prática de negócios.
- Entender como interagem as diversas ferramentas do marketing, buscando o diferencial competitivo.

As críticas, observações e contribuições que, sem dúvida, surgirão ao longo da leitura deste livro serão incorporadas em edições futuras, o que permitirá desenvolver um processo de melhoria contínua do trabalho.

Termino a parte da apresentação com uma pequena história contada por um autor desconhecido que pode dar uma visão mais simples dos assuntos que tratarei neste livro:

Os pequenos comerciantes do passado, antes mesmo do surgimento dos computadores, sequer imaginavam que o que eles faziam com tanta facilidade se transformaria nessa "coisa" complicada que é o CRM.

Esses pequenos comerciantes mantinham uma intensa relação social/familiar com a comunidade onde viviam e, muitas vezes, as relações comerciais se misturavam com as relações de amizade. Os profissionais de marketing conceituam essa ação como marketing de relacionamento.

Esses comerciantes eram gentis, atenciosos, mandavam entregar encomendas nas casas dos clientes/amigos, trabalhavam com bons produtos, entregavam recados, serviam cafezinho e davam receitas. Visão atual: qualidade de serviço e de atendimento ao consumidor.

Como poucas pessoas tocavam o negócio, esses comerciantes sabiam tudo o que acontecia com sua freguesia: datas de aniversário, casamentos, falecimentos, batizados, festas, volta às aulas, além dos hábitos de consumo. Tal situação nada mais é do que a informação acumulada de características e comportamentos dos seus clientes. Um verdadeiro banco de dados guardado na memória.

Os fregueses quase sempre compravam numa única loja. Conceito conhecido como: fidelização de cliente.

Se o cliente não podia pagar na hora, pagava no final do mês. Tudo registrado no "livro de fiado", o famoso cartão de crédito.

Eles sabiam do que os clientes gostavam ou não, o que podiam comprar e, portanto, o que poderiam vir a comprar no futuro. Nos sistemas atuais, isso é possível com a utilização de uma ferramenta de informática chamada modelos preditivos.

O que esses comerciantes faziam há muito tempo pode ser perfeitamente feito por empresas de qualquer porte, com muito menos trabalho. Para isso, é necessária a utilização adequada da Tecnologia da Informação e dos novos modelos de gestão organizacional.

Capítulo 1
O Relacionamento Como Diferencial Competitivo

Todas as tendências de mercado sinalizadas pelos especialistas de marketing em publicações, seminários, palestras e conferências nos últimos anos indicam que o mercado está realmente mais competitivo e globalizado, forçando as empresas a buscarem diferenciais que se manifestam, cada vez mais, no "valor agregado" que essas empresas podem oferecer.

Conceitualmente, entende-se por valor agregado o reconhecimento do benefício total percebido pelo cliente versus o recurso empregado para realizar uma atividade, ou ainda o incremento de facilidade para atender uma necessidade ou desejo ou resolver um problema.

Esta sinalização de alta competitividade vem modificando a relação entre a empresa e o seu mercado de atuação. As empresas estão percebendo que a conquista de diferenciais competitivos é o resultado de uma aproximação e interação cada vez maior, não apenas com o cliente, mas, também, com todos aqueles que interferem diretamente ou indiretamente na comercialização de seu produto, serviço ou ideia (*stakeholders*).

Portanto, desenvolver uma estratégia mercadológica baseada nestes princípios passa a ser o grande desafio da gestão estratégica do marketing. Foram pesquisados alguns autores clássicos e contemporâneos que tratam sobre o tema, a fim de se obter um modelo conceitual e sinalizar uma linha do tempo dos acontecimentos que possam contribuir para reflexões do leitor durante este capítulo.

Para Kotler (1998, p. 13), os mercados estão mudando, de forma incrível, o foco das estratégias:

Além da globalização e da mudança tecnológica, estamos testemunhando uma mudança de poder de fabricantes para varejistas gigantes, um rápido crescimento e aceitação de marcas de loja, novas formas de varejo, aumento da sensibilidade a preço e valor por parte do consumidor, diminuição do papel do marketing e da propaganda de massa e uma grande erosão de lealdade de marca.

Esse cenário, que já era sinalizado pelo Kotler (1998) na época, ainda hoje está levando as empresas a um estado de confusão em relação à estratégia que deverá ser adotada, obrigando os profissionais de marketing a buscarem constantemente novas ideias e soluções para o desenvolvimento de estratégias mercadológicas. Essa nova realidade tem um profundo efeito, positivo ou negativo, sobre todos os envolvidos no processo de comercialização – distribuidores, atacadistas, varejistas, *e-commerce* (comércio eletrônico), agências de comunicação de pequeno e grande porte, mídias (impressa, eletrônica e digital), fornecedores, ou seja, praticamente todos que participam das atividades comerciais.

No centro dessas mudanças está a satisfação do consumidor que sempre foi e sempre deverá ser um dos pilares do conceito de marketing. A partir da década de 1950, essa visão, tida como clássica, passa a orientar a teoria e a prática da disciplina. A satisfação do consumidor é, para as empresas, o único meio de conseguir obter e manter clientes.

O primeiro passo para garantir a satisfação do consumidor é identificar a necessidade que o move ao produto ou ao serviço e, o segundo passo, é desenvolver ações com o objetivo de atendê-la. A eficiência da aplicação deste princípio pode garantir que a empresa tenha a preferência de escolha durante todo o processo de decisão de compra pelo cliente.

Segundo Kotler (2000, p. 58), algumas das empresas mais bem-sucedidas estão elevando expectativas e encontrando formas de garantir seu desempenho superior por meio da satisfação do cliente. Por isso, saber identificar a ocorrência de eventos que determinam mudanças nas necessidades ou dos desejos passa a ser fundamental para, cada vez mais, participar da vida de cada um dos clientes que a empresa tem como objetivo atender.

Por isso uma empresa não pode se lograr de estruturar um bom sistema de informação de mercado (SIM). Entende-se por sistema de informação de mercado a união das seguintes ferramentas: pesquisa de mercado, *database* marketing e sistema de informação gerencial.

- Pesquisa de mercado – É um instrumento de coleta de informações internas e externas com o objetivo de identificar e analisar determinados problemas mercadológicos enfrentados pela empresa ou indicar oportunidades ou ameaças no mercado de atuação da empresa.
- *Database* marketing – Ferramenta que permite arquivar e analisar informações provenientes do mercado através dos pontos de contato (vendedores, *call center*, sites, redes sociais, aplicativos de celular etc.). Com o banco de dados, a empresa pode gerenciar o relacionamento e, também, criar ações individuais e diretas para cada um de seus públicos-alvo.
- Sistema de informação gerencial – É a busca de informações internas (relatórios gerenciais) que possibilita identificar os pontos fortes e fracos da empresa em relação à sua atuação no mercado. Por intermédio do sistema gerencial a empresa analisa o potencial ou capacidade produtiva, financeira, tecnológica, de logística, de pessoas etc.

Contudo, além de um sistema de informação de mercado, é fundamental que a empresa consiga processar as informações transformando-as em estratégia de mercado. Isso é muito importante já que muitas empresas nos últimos anos construíram verdadeiros "bando de dados", ou seja, estruturas com uma enorme quantidade de informações, mas com baixa utilização destas para o desenvolvimento de estratégias mercadológicas.

Uma empresa deve passar mais tempo desenvolvendo estratégias baseadas nas informações coletadas do que propriamente coletando informações. Resumindo: informações de mercado são fundamentais para uma empresa moderna, mas somente a utilização adequada trará o diferencial competitivo necessário para sua sobrevivência.

É importante destacar que essa ênfase na satisfação do consumidor, por meio da identificação do valor e dos serviços desejados pelo cliente e na busca da melhor forma de atendê-lo, é uma preocupação mais recente das empresas. Na visão anterior, entendia-se que bastava ter um produto ou serviço com qualidade a um preço acessível do grande público para que os consumidores o adquirissem, sendo esta a proposta básica no princípio do marketing (visão tradicional).

Segundo Hughes (1998, p. 29), o marketing de massa teve seu desenvolvimento graças ao cenário social e econômico da década de 1950. Toda uma geração de consumidores que foi privada de seus desejos "[...] em uma época de Depressão Econômica, seguida de uma década de guerra, estava, enfim, apta a produzir e a comprar em paz". O marketing de massa admitia que todos os consumidores desejavam as mesmas coisas. De fato, nas décadas de 1950 e 1960, principalmente, essa suposição estava de certa forma correta.

Não se pode discutir que a produção em massa[5] criou uma grande riqueza e trouxe níveis nunca vistos de prosperidade a muitas regiões do mundo, porém houve consequências. Segundo Peppers e Rogers (2000, p. 4), a competição global forçou muitas empresas a baixarem seus preços. Essa guerra mundial de "descontos" pode beneficiar algumas empresas no curto prazo, mas, ao longo do tempo, o resultado é a diminuição da lucratividade. Sabendo disso, gerentes e executivos por todo o mundo estão lutando para evitar a armadilha da concorrência baseada em preços – o que não é fácil porque se está vendendo uma *commodity*[6].

A qualidade de um produto ou serviço passou, nas últimas décadas, a ser uma obrigação da empresa que deseja sobreviver em um mercado competitivo, não sendo mais tratada como elemento de diferenciação. A concorrência nivelou a qualidade da maioria dos produtos ou serviços a um padrão uniformemente alto e continua a reduzir seus preços para níveis uniformemente baixos. (HUGHES, 1998, p. 30).

Pelo que foi apresentado até então, percebe-se que a empresa deve ter como principal meta o foco no cliente. Wallace (1994, p. 1-9) reforça esta ideia, apresentando em sua análise sobre o cenário competitivo que com as mudanças tecnológicas aceleradas, mercados em fragmentação, menores ciclos de vida dos produtos e serviços, clientes exigindo formas de comercialização personalizadas e o objeto da compra entregue em menos tempo, estão direcionando as empresas ao desenvolvimento de estratégias voltadas ao cliente (Figura 1.1).

---

[5] Produção em massa refere-se ao desenvolvimento de produtos em larga escala, praticamente sem diferenciação, o que permite reduzir custos de fabricação.

[6] O termo commodity é usado para produtos ou serviços que não apresentam nenhuma diferenciação entre os seus concorrentes.

Figura 1.1 – Do foco no produto para a ênfase no relacionamento com o cliente.

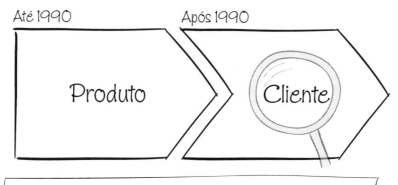

Estratégias vencedoras não são feitas de ênfase nos produtos, e sim da maneira como se cria um relacionamento duradouro com o cliente.

Mas, do ponto de vista dos consumidores, o que eles estão buscando na relação com as empresas? De forma geral, os consumidores estão avaliando muito mais que o produto ou o serviço, mas fundamentalmente o atendimento realizado com critérios semelhantes aos que utilizavam para avaliar qualidade e preço. Três elementos são importantes no atendimento:

- Serviços adicionais – Entende-se por serviços adicionais aqueles que contribuem para a percepção de valor por parte do consumidor. Podemos dar alguns exemplos de serviços adicionais, como: entrega do produto no lugar, dia e hora da preferência do cliente, garantia estendida, produtos ou serviços complementares, entre outros.
- Tempo – O consumidor busca ganhar tempo na relação, por isso a empresa deve cuidar para que ele seja atendido no momento e prazo desejado. A demora na entrega de um produto ou a lentidão no atendimento pode levar o cliente a desistir da compra naquele momento ou procurar uma outra empresa que possa trabalhar essas questões com maior eficiência.
- Informação (conteúdo) – A empresa deve, também, preocupar-se em disponibilizar o máximo de informações sobre o produto ou serviço pelos meios de comunicação possíveis (mídias). Desta forma, a empresa pode diminuir o índice de insatisfação pela compra de um produto ou serviço que não atendeu suas expectativas.

Apesar de algumas empresas estarem buscando aplicar esses conceitos em suas estratégias, nota-se ainda que os consumidores vêm revelando uma grande insatisfação (salvo algumas exceções), apesar de os profissionais de marketing usarem toda a criatividade em suas ações de relacionamento. Para verificar isso, basta olhar as estatísticas de reclamações nos serviços de atendimento ao cliente ou nos órgãos públicos como o Procon (Serviço Público de Proteção ao Direito do Consumidor), ou, ainda, nas colunas de reclamações de vários jornais e revistas.

O que origina essa insatisfação? Por que a empresa tem a sensação de que uma porcentagem do orçamento anual gasto nesse tipo de ação se transforma em dinheiro desperdiçado e não em investimento? Será que a estratégia de marketing utilizada é adequada?

Um ponto fundamental na mudança estratégica das empresas é que os consumidores estão deixando os papéis tradicionais para se tornarem coparticipantes (co-criadores) e detentores de valor. Nesse sentido, nas relações comerciais modernas, as empresas devem reconhecer que seu diálogo com os consumidores é um diálogo de iguais e tomar parte em um diálogo com consumidores que sabem o que querem requer formas de intercâmbio mais ricas e mais sutis do que aquelas com que muitas empresas estavam acostumadas.

Isso não significa que se deve abandonar o conceito do marketing. Significa, sim, repensá-lo e transformá-lo efetivamente num meio de "satisfazer e fidelizar clientes", olhando-o de uma forma mais ampla.

Fidelizar é um termo que vem sendo também muito utilizado pelas empresas, sobretudo a partir da década de 1990, momento em que a competitividade aumentou significativamente. No entanto, "fidelizar" não é só reter ou vincular o cliente a uma determinada "carteira". É um conceito que deve ir muito mais além e fixar o valor: apenas sabendo quanto vale um cliente para a empresa é que será possível aplicar estratégias rentáveis para retê-lo, recompensar os clientes de maior valor ou não desenvolver nada específico para os clientes de menor valor.

- Clientes de alto valor – São aqueles que potencialmente são entendidos como sendo de longo prazo e que constantemente se relacionam com a empresa. Além disso, esses clientes adquirem um valor desejado pela empresa e, portanto, representam um importante elemento na carteira de clientes.
- Clientes de médio valor – São aqueles que potencialmente são entendidos como sendo de alto ou médio-prazo, mas que não se relacionam constantemente com a empresa ou não adquirem toda a gama de produtos ou serviços oferecidos pela empresa.

- Clientes de baixo valor – São aqueles que raramente se relacionam com a empresa e que em sua interação compram uma baixa quantidade de produtos oferecidos e, portanto, representam um baixíssimo valor na carteira de clientes da empresa.

É importante perceber que, para cada grupo de clientes anteriormente citado, a empresa deverá adotar uma estratégia de marketing (relacionamento) específica. Para os clientes de alto valor, é extremamente importante a empresa desenvolver estratégias de fidelização e retenção.

Outro grupo que merece atenção por parte da empresa é o considerado de médio valor. Uma ação adequada para este grupo de clientes pode transformá-los em clientes de alto valor para a empresa. Normalmente, são esses clientes que permitem alavancar as vendas em razão de seu potencial, desde que a estratégia utilizada seja adequada.

Todas as empresas aspiram a ter clientes fiéis. Por quê? Supõe-se que custa menos atendê-los e que se consegue vender mais produtos e serviços para eles. No entanto, o âmago da questão não está só em fidelizar, mas está em saber quais ações de fidelização devem ser realizadas, de forma que elas sejam eficazes nos seus objetivos e rentáveis à empresa.

A relação existente entre fidelização e rentabilidade do cliente e, em paralelo, da ação comercial é absolutamente crítica. Nem todos os clientes fiéis são rentáveis, nem todos os clientes rentáveis são fiéis. Esta premissa, por mais simples que possa parecer à primeira vista, explica muito dos fracassos dos programas de fidelização. É importante reforçar que, para poder fidelizar inteligentemente, é importante (fundamental) um altíssimo conhecimento da "carteira de clientes" e uma acertada estratégia de relacionamento. Se a empresa que se propõe a empreender ações de fidelização não realizou previamente uma exaustiva análise dos seus clientes, pode acontecer facilmente das suas ações de retenção não só não proporcionarem resultados, mas se transformarem numa máquina de perder recursos financeiros e humanos.

1.1 A UNIÃO DO MARKETING PADRONIZADO AO PERSONALIZADO

Entende-se por marketing padronizado a empresa que desenvolve estratégias de marketing em que principalmente o produto ou serviço não apresenta nenhum tipo de diferenciação, a exemplo de Henry Ford – ícone da era da produção em série – que afirmava que o cliente poderia escolher a cor do modelo T, desde que fosse preta.

Essa ação mercadológica, muito utilizada a partir dos anos de 1950, ficou conhecida como "marketing de massa", em razão de ter como principal objetivo atingir um grande número de pessoas com uma oferta padronizada. A proposta básica do marketing de massa, aplicado na época, era a redução de custos a partir da produção em série e a consequente redução do preço final do produto, o que levou a empresa a atingir cada vez mais um número maior de segmentos atendidos.

Entretanto, o marketing de massa não se baseia apenas na oferta de um produto ou serviço padronizado, mas altera a forma da empresa se relacionar com o mercado todo, ou seja, a comunicação foi atingida pela massificação do produto ou serviço passando a assumir a responsabilidade de atingir um número maior de pessoas de forma também padronizada (comunicação em massa), o mesmo acontecendo com a estratégia de distribuição ou de canais de venda.

Kotler (1998) endossa essa visão ao afirmar que, quando os produtos eram feitos em série, o marketing passou a ser movido, mas também limitado por este princípio. No entanto, como vimos anteriormente, com o crescimento do número de concorrentes, que passou a imitar as estratégias baseadas no princípio do marketing de massa adotados na época, a empresa teve de buscar diferenciais, redirecionando o foco das ações mercadológicas para públicos cada vez mais específicos.

Quando uma empresa direciona suas ações mercadológicas para públicos específicos, entende-se que se aumenta o valor percebido (valor agregado) e consequentemente reforça a preferência por um determinado produto, serviço ou ideia.

Isso significa dizer que não só o produto, aos poucos, vai deixando de ser desenvolvido de forma padronizada para se adaptar cada vez mais às necessidades e exigências de cada segmento-alvo que a empresa quer atingir, mas, também, que todas as demais ações mercadológicas, como a forma de comunicação e também de distribuição passam a ser mais específicas.

Portanto, com o aumento da concorrência e com o objetivo de diferenciar-se, a empresa vem reduzindo as ações baseadas no marketing de massa passando a segmentar cada vez mais as suas ações junto ao mercado-alvo (customização em massa).

O conceito de customização em massa é utilizado por empresas que buscam aproximar-se das necessidades cada vez mais específicas de seus clientes, por intermédio de produtos ou serviços, formas de comunicação e canais de venda personalizados, sendo definido este conjunto de ações pertencentes ao conceito de marketing de relacionamento ou marketing individualizado.

> Customização em massa pode ser definida como o processo de fornecer e sustentar lucrativamente os bens e serviços feitos sob medida para os clientes, de acordo com a preferência de cada cliente em relação à forma, o tempo, o lugar e o preço. (GORDON, 1999, p. 249).

Nota-se que, para isso, a empresa deverá adotar uma gestão flexível. Contudo, dependendo do nível de customização que a empresa necessite adotar para atender os clientes-alvo e, consequentemente, se diferenciar, o investimento poderá ser alto para a maioria das empresas. No entanto, todo esse investimento pode valer a pena se as margens de lucro e o tempo de relacionamento forem altos.

No entanto, com a demasiada customização em massa, a empresa pode quebrar ao tentar oferecer ao cliente mais do que ele necessita ou deseja. Além disso, se o concorrente for mais eficiente na apresentação da oferta, todo o esforço poderá ser perdido.

Então, chegamos à conclusão de que a customização em massa deverá estar fortemente alicerçada no marketing de relacionamento, por meio do qual a empresa poderá identificar as reais necessidades do consumidor, analisar o potencial de customização que a empresa deverá adotar e verificar o resultado financeiro que a ação poderá atingir.

Na visão de Gordon (1999), o marketing de relacionamento pode ser considerado como o instrumento unificador das iniciativas estratégicas que relegou ao passado o marketing, a produção e qualquer outra iniciativa de massa. Desta forma, reforça-se o fato de que não apenas o produto ou o serviço passa a ser personalizado, mas todas as demais ações mercadológicas que a empresa desenvolve junto ao cliente-alvo.

Para isso, o marketing de relacionamento ou individualizado utiliza-se das novas tecnologias de informação, de banco de dados, de produção e processos que permitem fabricar uma grande quantidade de produtos de forma diferenciada a um custo reduzido, e de ferramentas de comunicação e distribuição que permitem o contato individual com o cliente.

Percebe-se que, enquanto o marketing de massa tem como proposta básica aumentar a base de clientes (*market-share*) a partir de uma oferta padronizada, o marketing de relacionamento tem como objetivo aumentar a participação de cada cliente, buscando identificar grupos de clientes que tenham maior valor e maior potencial (*client-share*), desenvolvendo ações específicas para eles.

Na proposta conceitual do marketing de relacionamento, os clientes não têm o mesmo valor para uma empresa. Assim, como vimos anteriormente, uma organização pode verificar que, dentro da estratégia de marketing, alguns clientes podem ser identificados como interessantes para a criação de um relacionamento e outros não.

Kotler (1998, p. 139) reforça essa ideia ao afirmar que "[...] todos os clientes são importantes, mas alguns são mais importantes que os outros [...]". Assim, ressalta a necessidade de identificar e tratar de forma distinta os clientes e que a empresa que assim proceder terá o seu reconhecimento, graças ao uso da tecnologia aplicada ao relacionamento com o mercado.

Em resumo, percebemos que muitas mudanças estão acontecendo (e aconteceram) na forma com que a empresa se relaciona com o mercado e, portanto, exige muita atenção na adequação da estratégia que melhor atenda aos objetivos propostos pela empresa.

É importante destacar que o conceito de marketing de massa não está desaparecendo, mas, sim, apresentando algumas mudanças em sua utilização e de como era utilizado no passado (visão clássica). A união dos conceitos marketing de massa (a partir de uma visão moderna) com as ações de marketing de relacionamento passam a fazer parte das estratégias de marketing da empresa, que devem ser desenvolvidos de forma integrada.

Por exemplo: enquanto o marketing de massa pode ter como foco a prospecção de novos segmentos e nichos e/ou apresentação de uma imagem corporativa e da marca aos mercados-alvos da empresa, o marketing de relacionamento pode se preocupar com o desenvolvimento de ações que estabeleçam um vínculo mais forte com o cliente, objetivando não só conquistá-lo, mas mantê-lo, podendo chegar ao ponto de fidelizá-lo.

1.2 O MARKETING ORIENTADO PARA O RELACIONAMENTO

Se o relacionamento que a empresa mantém com seu mercado-alvo passou a ser o grande fator de diferenciação em mercados competitivos, então, ele deve ser entendido como parte da gestão estratégica da empresa.

Sendo uma função estratégica que a empresa precisa adotar em sua gestão, deve ser desenvolvido mediante um esforço conjunto de todos os setores da empresa (não sendo apenas responsabilidade da área de vendas, do atendimento ou marketing) e, também, por todos aqueles que interferem direta ou indiretamente na obtenção do valor e da satisfação do cliente, ou seja, fornecedores, parceiros, intermediários etc.

Segundo Gordon (1999, p. 16), o objetivo das empresas e de seus líderes, portanto, "[...] deveria ser elevar o valor de seus relacionamentos" com todos aqueles que compõem a aura de negócios da empresa. Isto significa que todos, dos fornecedores aos funcionários, incluindo distribuidores, atacadistas, varejistas e investidores, precisam formar uma cadeia de relacionamentos que possa aumentar cada vez mais o valor percebido pelo cliente desde o momento da comercialização, continuando no pós-venda, estendendo-se para uma relação de longo-prazo.

O relacionamento, então, deve ser ampliado para toda essa cadeia de relacionamento, procurando compartilhar e identificar novos valores com cada um dos participantes, já que, segundo Gordon (1999, p. 17), "todos desejam se relacionar com uma empresa a longo-período em uma parceria, na qual vários interesses sejam comuns e alinhados".

Para desenvolver uma estratégia de relacionamento com todos os públicos de interesse, a empresa deverá primeiramente responder algumas perguntas, por exemplo:

- Quem são meus clientes? O que necessitam? O que valorizam? Qual a percepção que têm do produto ou da marca que ofereço?
- Quem são meus melhores fornecedores? Posso considerá-los parceiros? Como está nossa relação? Existe confiança? A relação é de ganha-ganha ou perde-perde?
- Quem são os intermediários entre a empresa e o cliente? Como estão "trabalhando" o produto ou serviço que comercializo? A relação é de parceria?

Esses são apenas alguns dos diversos pontos que a empresa deve ter bem definidos antes de iniciar uma gestão de relacionamento com os diversos públicos de interesse. Para este fim, seria adequado realizar uma pesquisa de mercado com o objetivo de responder algumas dessas questões.

1.3 A EVOLUÇÃO – DO FOCO NO PRODUTO À ATENÇÃO MAIOR NO CLIENTE

Compreender os clientes e agir de modo a satisfazer suas necessidades e seus desejos é, como sempre foi, o objetivo das relações comerciais. Para atingi-lo, o marketing vem evoluindo e se modificando ao longo do tempo, partindo de uma visão focada no produto para uma atenção maior no cliente. Vamos recordar o desenvolvimento histórico do marketing em termos de eras e sua evolução do marketing de massa para o marketing de relacionamento:

- Nos anos de 1950 (era da produção) – Toda a produção era colocada no mercado "facilmente". Essa era caracteriza-se pelas organizações que se concentravam no desenvolvimento de técnicas de produção em massa, na crença de que, se bons produtos tivessem preços acessíveis e fossem amplamente disponíveis, os consumidores iriam até as portas dos fabricantes desses produtos.
- Anos de 1960 (era das vendas) – Surge a concorrência e a necessidade de manter maior atenção no ponto-de-venda. Nesta era, a concentração estava na busca por eliminar a pilha de estoques gerados pela era da produção. A filosofia dominante era encontrar clientes para estoques ainda não vendidos. Para isso, eram desenvolvidas campanhas publicitárias promocionais no ponto-de-venda para convencer os clientes a comprar produtos que, de outra maneira, não adquiririam.
- Anos de 1970 e de 1980 (era do marketing) – Início das atividades de marketing baseadas no relacionamento cada vez mais pessoal. Chegou a era caracterizada pela importância colocada na identificação e satisfação das necessidades e dos desejos do consumidor, antes de produzir os produtos. A busca por segmentos e nichos de mercado ainda não desenvolvidos, que possibilitassem às empresas desenvolver produtos e serviços voltados para as necessidades específicas dos mesmos, permitiu o desenvolvimento de novos mercados para a empresa.
- Anos de 1990, de 2000... 2019... (era do marketing de relacionamento) – A partir da segmentação de mercado, percebe-se que cada vez mais as empresas reforçam e ampliam o foco das ações, direcionando-se para o individual. Como já visto anteriormente, em contraste à era da produção, neste novo estágio das ações de marketing reconhece-se o valor potencial de lucro da conservação de clientes – criando relações comerciais ao dar razões para os já existentes continuarem

a voltar. Essa mudança de foco é gerada principalmente pela contínua centralização das negociações, pela forte pressão sobre os custos, pelos novos produtos lançados diariamente, pela maior profissionalização do marketing das empresas e pelo maior uso da Tecnologia da Informação na gestão dos negócios.

A partir dessa evolução histórica, podemos constatar que efetivamente o marketing vem evoluindo conceitualmente da visão focada no produto para a compreensão e satisfação das necessidades do consumidor, ou seja, com o foco no cliente.

1.4 MARKETING, TECNOLOGIA E PROCESSOS

A tecnologia disponível nas áreas de Informática e de Telecomunicações possibilita que as empresas possam manter e analisar as informações de cada cliente e tomar decisões a partir delas. Isso torna possível o relacionamento individual, que é o princípio do conceito de marketing de relacionamento.

Técnicas de marketing integradas, tecnologia e processos são agora implantados para materializar as estratégias de relacionamento, incluindo telemarketing[7] receptivo e ativo, informatização da força de vendas, terminais de ponto-de-venda, *e-commerce* (comércio eletrônico), smartphones, entre outros. O cliente manifesta suas necessidades e seus desejos por meio de diversas formas de interação (pontos de contato), e a empresa oferece produtos e serviços cada vez mais sob medida (customizados).

Podemos dividir os pontos de contato que a empresa pode oferecer ao mercado em três grupos:

- Pontos de contato físico – Neste grupo podemos incluir o ponto-de-venda tradicional, o vendedor e o promotor.
- Pontos de contato eletrônico – Neste grupo podemos destacar a internet, o e-mail e o terminal de consulta/vendas.
- Pontos de contato direto – Separamos este grupo, identificando-o como direto, para destacar as ações de telemarketing e mala-direta.

---

[7] Telemarketing – utilização do telefone para as atividades de marketing e, principalmente, de vendas com o objetivo de focar em propostas comerciais individuais para cada cliente.

Se a tendência é atrair clientes individuais e identificáveis em nichos de mercado mais restritos, os pontos de contato eletrônico e o direto são os principais instrumentos dessa mudança, pois permitem aumentar a eficiência de interações individuais e customizadas. Para Gordon (1998, p. 217-218), quatro mudanças principais elevam o papel da tecnologia como uma capacidade estratégica: a internet, a integração de telefonia e os celulares, o software de banco de dados e a customização em massa.

A Tecnologia da Informação cria três competências nas empresas (HUGHES, 1998):

- Base de dados (*database*), que permite distinguir e gerenciar cada cliente e considerá-lo individualmente.
- Interatividade, permitindo ao cliente comunicar-se diretamente com a empresa, em vez de ser apenas o alvo passivo das suas mensagens.
- Tecnologia, que permite, de uma forma rotineira, adequar os produtos e serviços da empresa a cada um dos clientes.

É a combinação desses três fatores que permite à empresa mostrar ao cliente que ela o conhece, que se lembra dele e que tem capacidade para adequar sua oferta às necessidades e desejos por ele demonstrados. Este feedback tem o potencial de tornar os clientes leais à tendência do marketing de individualização do seu cliente – o marketing de relacionamento – estratégia que exige uma gestão individual dos clientes, em vez de apenas gerir produtos e serviços, canais de distribuição ou até o simples crescimento da quota de mercado.

1.5 A DESCOBERTA DO CONHECIMENTO E O PROCESSO DE DIFERENCIAÇÃO

Neste capítulo, estamos apresentando diversas argumentações que possam levar a empresa a perceber que a diferenciação é um dos principais objetivos da estratégia de marketing das empresas que atuam em mercados competitivos. No entanto, é importante lembrar mais uma vez que a diferenciação é conquistada quando a empresa desenvolve ações mercadológicas para o público certo com a oferta certa.

Vamos entender melhor o que isso significa:

- Nem todos os clientes geram o mesmo valor para a empresa – A empresa deve verificar quais são os clientes que darão o retorno desejado e quais são aqueles que o custo de atendimento é maior do que o resultado que eles possam gerar.

- Os clientes têm necessidades diferentes e, portanto, formas diferentes de apresentar a oferta. – Os consumidores buscam empresas que ofereçam formas customizadas de interação, a qual se dá a partir de produtos e serviços personalizados, comunicação direta e disponibilização de várias formas de acesso à empresa (pontos-de-venda).

Para atingir esses dois pontos, a empresa deverá não só ter dados sobre o mercado, mas analisá-los de forma que possibilitem identificar os clientes-alvo da empresa, transformando este conhecimento em valor agregado ao mesmo. Um dos indicadores utilizados para isso, ou seja, para melhorar a eficiência das ações mercadológicas é o *Lifetime value* (LTV).

> O *Lifetime value* (LTV) mostra aos planejadores de marketing quanto se pode gastar, de maneira lucrativa, para se adquirir um novo cliente. Além disso, ele mostra quanto que se pode gastar, lucrativamente também, para se reter um cliente e esta é a questão-chave do marketing de relacionamento. Observando o histórico dos clientes, constata-se que alguns valem muito mais que outros (aparte: ao nível de retorno de investimento). Conhecendo o valor potencial desses melhores consumidores, o planejador de marketing pode traçar o perfil deles e, a partir daí, concentrar esforços para encontrar mais consumidores dentro do perfil traçado. As medições que o *Lifetime value* (LTV) oferece podem ser um meio mais eficiente de justificar investimentos de marketing do que indicativos de vendas, afinal, o *Lifetime value* (LTV) mostra o valor que um cliente ou um segmento de clientes tem para um negócio. (HUGHES, 1998, p. 198).

O *Lifetime value* (LTV) de qualquer segmento de consumidores é baseado na taxa de retenção, na taxa de gastos do cliente com a empresa, na lucratividade das vendas acumuladas e no custo de aquisição e manutenção do segmento. A melhoria de um ou mais desses elementos acarretará um aumento do *Lifetime value* do segmento.

Além disso, melhorar a taxa de retenção dos consumidores e fazer com que eles comprem pelo menos uma vez por ano fará com que o *Lifetime value* da empresa aumente. Outros fatores que também levam a esse aumento de LTV são o aumento das aquisições dos consumidores e a redução das despesas de marketing. Não obstante, a retenção de clientes continua sendo a principal maneira de se aumentar o *Lifetime value*, pois quanto mais longa for a permanência do cliente na organização, maior será o LTV. Os estrategistas de marketing mais perspicazes estão selecionando os atributos dos consumidores que compram mais de uma vez por ano. Esses estrategistas estão investindo a maioria de seus recursos em programas de relacionamento e fidelidade para vincular os consumidores à marca, mantendo-os fiéis por mais tempo.

Na verdade, não são os números que importam numa tentativa de aumentar o *Lifetime value*, mas os relacionamentos que a empresa conseguirá construir com os consumidores. Quanto mais a empresa aumentar a satisfação do consumidor e ele permanecer na empresa, maior será o LTV (aparte: a relação é diretamente proporcional).

Portanto, identificar o que os diferentes consumidores necessitam envolve muito mais do que o simples registro daquilo que cada um adquiriu da sua empresa – tem-se que conhecer as diferentes razões que levaram cada cliente individualmente a comprar. Percebe-se, então, que o lucro obtido de um cliente não provém apenas do valor das suas compras, mas também das referências que ele pode dar acerca das suas preferências ou das de outros consumidores, bem como da ajuda na criação de novos produtos ou serviços.

Quase todos os negócios têm uma minoria de clientes de que advém a maioria do lucro. São esses clientes, entendidos como a base da atividade da empresa, que esta terá de manter leais. Uma vez identificados, é necessário manter o diálogo para poder identificar as necessidades constantes. Para Kotler (1998, p. 626), isso pode ser conseguido em páginas na internet que criem interação entre a empresa e os consumidores, contato direto por telefone, cartões de garantia dos produtos, entre outros; o importante é individualizar o cliente e incluí-lo numa base de dados que possa ser objeto de fácil consulta.

Dessa forma, conforme podemos observar na Figura 1.2, fechamos o ciclo do processo de relacionamento com o mercado, de modo que percebemos ser um processo interativo e, como tal, necessita de um suporte tecnológico para que a organização consiga capturar as informações de seus clientes e transformá-las em ações que resultem em fixar um relacionamento cliente-empresa lucrativo e de longo prazo.

Figura 1.2 – Ciclo do processo de relacionamento com o mercado.

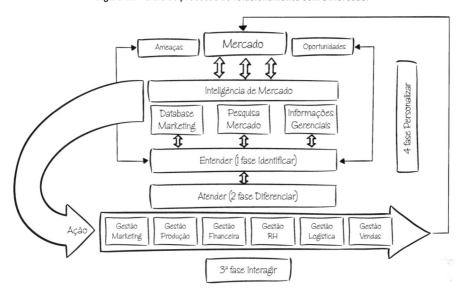

Em resumo, para que esse ciclo seja desenvolvido com grande sucesso, as organizações necessitam de um suporte tecnológico que permita a armazenagem de todas as informações resultantes de contatos com cada cliente (ligações na central de atendimento, resultado de campanhas de vendas, registro de envio de brindes promocionais, produtos que o cliente costuma adquirir e com qual frequência, informações sobre os hábitos de pagamento etc.) para posterior processamento, resultando, assim, na melhor combinação de oferta.

Além disso, conhecendo tais combinações, as empresas não só direcionam melhor sua estratégia de vendas, mas também determinam com melhor precisão as áreas e os processos que necessitam de investimentos. Detalhar esses temas será o objetivo dos próximos capítulos.

1.6 REFERÊNCIAS

ALBRECHT, Karl, *Revolução nos serviços: como as empresas podem revolucionar a maneira de tratar os seus clientes*, 5ª ed, São Paulo, Pioneira, 1998.

BERRY, Leonard, PARASURAMAN, A, *Serviços de marketing: competindo através da qualidade*, São Paulo, Maltese-Norma, 1992.

BOGMANN, Itzhak Meir, *Marketing de relacionamento: estratégias de fidelização e suas implicações financeiras*, São Paulo, Nobel, 2001.

Boog, Gustavo G. *Foco no foco do cliente*. Disponível em: <http://carreiras.empregos.com.br/>. Acesso em: 18 maio 2007.

Bretzke, Miriam, *Marketing de relacionamento e competição em tempo real com CRM (Customer Relationship Management)*, São Paulo, Atlas, 2000.

Christopher, Martin, *O marketing da logística*, São Paulo, Futura, 1999.

Furlong, Carla B, *Marketing para reter clientes*, Rio de Janeiro, Campus, 1994.

Gordon, Ian, *Marketing de relacionamento: estratégias, técnicas e tecnologias para conquistar e mantê-los para sempre*, São Paulo, Futura, 1999.

Hughes, Arthur M, *Database marketing estratégico*, São Paulo, Makron Books, 1998.

Kotler, Philip, *Administração de marketing: a edição do novo milênio*, São Paulo, Prentice Hall, 2000.

Kotler, Philip, *Administração de marketing: análise, planejamento, implementação e controle*, 5ª ed., São Paulo, Atlas, 1998.

Levitt, Theodore, *A Imaginação de Marketing*, 2ª ed., São Paulo, Atlas,1990.

Madia de Souza, Francisco Alberto, *Marketing Trends 2000: MBA em Marketing a Turma de 1999*, São Paulo, Makron Books, 2000.

Mckenna, Regis, *Marketing de relacionamento: estratégias bem sucedidas para a era do cliente*, Rio de Janeiro, Campus, 1993.

Peck, Helen, Payne, Adrian, Christopher, Martin e Clark, Moira, *Relationship marketing: strategy and implementation*, Oxford, Butterworth Heinemann, 1999.

Peppers, Don e Rogers, Martha, *CRM Séries Marketing 1 a 1: Um guia executivo para entender e implantar estratégias de Customer Relationship Management*, São Paulo, Pepper and Roger Group Brasil, 2000.

Rapp, Stan e Collins, Tom, *A 5ª geração do marketing: maximarketing II – os vencedores*, São Paulo, Makron Books, 1994.

Rapp, Stan e Collins, Tom, *A grande virada do marketing: dos mesmos autores do best-seller Maximarketing*, São Paulo, Futura, 1999.

Richardson, Roberto Jarry, *Pesquisa social: métodos e técnicas*, 3ª ed., São Paulo, Atlas, 1999.

Godin, Seth, *Marketing de permissão: transformando desconhecidos em amigos e amigos em clientes*, Rio de Janeiro, Campus, 2000.

Vavra, Terry G, *Marketing de relacionamento: aftermarketing*, São Paulo, Atlas, 1993.

Wallace, Thomas F, *Estratégia voltada para o cliente: vencendo através da excelência operacional*, Rio de Janeiro, Campus, 1994.

Capítulo 2
Marketing de Relacionamento e Seus Conceitos Básicos

No capítulo anterior, foram apresentadas diversas argumentações justificando por que o conceito marketing de relacionamento pode ser uma abordagem importante e apropriada para as empresas que desejam um contato mais estreito com o cliente, buscando a diferenciação em seu mercado de atuação. Neste capítulo, detalharemos um pouco mais os conceitos que norteiam essa estratégia de marketing.

O enfoque no marketing de relacionamento deu origem a uma série de propostas de consultores e acadêmicos visando melhorar a relação com o cliente. O termo foi popularizado por Regis Mckenna (1997) e por Terry G. Vavra (1993). Em seu livro *After Marketing,* cujo título foi traduzido como *Marketing de Relacionamento,* Vavra (1993) não define o termo, mas analisa o pós-marketing como um estágio de relacionamento imediatamente após a venda e que participa diretamente do conceito de marketing de relacionamento.

A partir da perspectiva do cliente, uma compra é o início de um relacionamento. Assim, se uma organização deseja contar com oportunidades continuadas de negócios com o mesmo cliente no futuro, a interação continuada pós-venda é uma parte muito importante do pós-marketing e é tão necessária quanto a venda. O marketing deve, então, mudar a mentalidade de "completar uma venda" para a de "iniciar um relacionamento"; de "fechar um negócio" para "construir lealdade" (Figura 2.1).

Figura 2.1 – O princípio da mudança conceitual do marketing de relacionamento.

O marketing de relacionamento deriva dos princípios do marketing tradicional. Para uma perspectiva de pós-marketing ou marketing de relacionamento, o composto de marketing deve ser repensado:

- Produto/serviço – O marketing de relacionamento, quando apropriadamente implementado, resulta em produtos ou serviços que são cooperativamente projetados, desenvolvidos, testados, orientados, fornecidos, instalados e aprimorados. Os produtos ou serviços não são desenvolvidos pelo método histórico, no qual a empresa concebe os conceitos dos produtos; o marketing de relacionamento envolve uma interação em tempo real entre empresa e cliente buscando agregar valor a partir da necessidade do consumidor.
- Preço – O marketing tradicional estabelece um preço para um produto ou serviço oferecendo-o ao mercado. Com o marketing de relacionamento, o produto varia conforme as preferências e os preceitos dos clientes, e o custo/preço mudam proporcionalmente.
- Distribuição/place – O raciocínio atual de marketing se concentrava na "praça" como um mecanismo para transferir um produto do fornecedor para o consumidor. Em vez disso, o marketing de relaciona-

mento considera a distribuição a partir da perspectiva do cliente que decide onde, como e quando comprar a combinação de produtos e serviços que compõem a oferta total do vendedor, portanto, a perspectiva é de conveniência.

- Comunicação – O marketing tradicional enviava sinais para que todos dentro de um segmento específico o vissem. "Comprem-me" diziam os sinais para que todos pudessem ver. O marketing de relacionamento, em vez disso, oferece ao cliente individual uma oportunidade de decidir como ele deseja se comunicar, por meio de quais sinais, com que frequência e com quem. A comunicação de massa torna-se uma ferramenta para aumentar o valor da empresa ou da marca, em vez de um meio para influenciar diretamente a compra.

Essa nova maneira de visualizar o composto de marketing reconhece plenamente o valor das atividades de retenção dos clientes. Gordon (1998, p. 106) destaca a vantagem mais importante que o conceito pode oferecer às empresas, tais como: desenvolver a fidelidade entre a empresa e os clientes, dispor de um ambiente que favoreça soluções inovadoras, estabelecer um local propício para testar novas ideias e alinhar a empresa com os clientes que valorizam o que ela tem a oferecer.

O marketing de relacionamento é o processo contínuo de identificação e criação de novos valores com clientes individuais e o compartilhamento de seus benefícios durante a vida de parceria.

Para Kotler (2000, p. 35), o marketing de relacionamento tem como objetivo desenvolver relacionamentos que sejam satisfatórios para a empresa e para os consumidores, a fim de criar um vínculo a longo prazo.

Rapp & Collins (1999, p. 55-56) alertam que a expressão marketing de relacionamento não significa literalmente o envio de uma mensagem publicitária especial ao consumidor. O conceito é mais amplo e significa "uma forma muito especial de marketing que reconhece e aprecia os interesses e necessidades de grupos específicos de consumidores, cujas identidades individuais e perfis de marketing são ou serão conhecidos pelas empresas e serve a esses interesses e necessidades".

O marketing de relacionamento funciona quando aquele que o gerencia pode oferecer benefícios suficientes ao cliente para fazer com que ele valha a pena e este responda; portanto, é uma interação contínua entre comprador e vendedor, na qual este melhora permanentemente sua compreensão das necessidades do comprador e o comprador torna-se cada vez mais leal ao vendedor, já que suas necessidades estão sendo muito bem atendidas.

Por meio desses conceitos tratados por diferentes autores, em resumo, podemos entender a importância de interagir com os clientes individuais ou grupos lógicos de clientes e entregar o valor que eles necessitam ou desejam, utilizando a tecnologia adequadamente por meio de toda a cadeia de negócios. Isto significa afastar os processos de negócios existentes e inserir a Tecnologia da Informação em seus processos. Se agirmos desta forma, teremos potencial não apenas para nos aproximarmos ainda mais de nossos clientes individuais, mas também para ganharmos vantagem competitiva, uma oportunidade única para uma empresa inovadora.

2.1 CARACTERÍSTICA DO MARKETING DE RELACIONAMENTO

Como tratado anteriormente, o marketing de relacionamento se desenvolve por meio do conhecimento adquirido junto ao cliente e sua transformação em valor agregado (*knowledged-based*) e por meio da experiência adquirida pela gestão organizacional no mercado em que atua (*experience-based*).

As principais características do marketing de relacionamento, relacionadas com o paradigma de *knowledge-based* são:

- A integração do cliente no processo de planejamento dos produtos ou serviços para garantir que os mesmos sejam desenvolvidos, não somente em função das necessidades e dos desejos do cliente, mas também de acordo com a estratégia adotada pela empresa no mercado de atuação.
- O desenvolvimento de nichos de mercado em que o conhecimento da empresa sobre canais de comercialização e identificação de segmentos leva a um ganho de mercado.
- Desenvolvimento da infraestrutura de fornecedores, vendas, parceiros, governo e formadores de opinião em que o relacionamento ajudará a criar e sustentar a imagem da empresa e o seu desenvolvimento tecnológico.

Dessa maneira, o marketing de relacionamento pode ser visto como uma cadeia de relacionamentos que deve ser eficientemente gerenciada pela empresa.

Quanto aos aspectos de *experience-based*, o marketing de relacionamento enfatiza a interatividade, conectividade e criatividade, significando que:

- A empresa despenderá esforços mercadológicos e tempo com os seus clientes, monitorando constantemente as mudanças que ocorrem no ambiente competitivo, com a utilização de um Sistema de Suporte a Decisões (SSD)[8] mercadológicas, possuindo um afinado sistema de "inteligência de marketing" integrado a toda a empresa e aos parceiros de negócio.

- Haverá monitoramento constante da concorrência, no qual uma análise dos competidores será usada como um importante ponto de partida para prever as condições futuras da empresa, de modo que os prováveis movimentos de cada concorrente e da sua capacidade de responder a mudanças pode determinar a perda ou o ganho de vantagem competitiva.

- Haverá desenvolvimento de um sistema de análise mercadológica que, pelo feedback, (principalmente pela mensurabilidade) retorna a informação sobre mercado, concorrência e comportamento dos clientes, fornecedores e outros intermediários, para o Sistema de Suporte à Decisão (SSD), aperfeiçoando o próprio sistema e permitindo uma tomada de decisão ágil e consistente, num processo contínuo de adaptação às condições "mutantes" do ambiente competitivo.

Portanto, não basta à empresa o desenvolvimento de uma estratégia de relacionamento com o cliente. É necessário estar atento a todas as informações do mercado e garantir que estas dêem *inputs* ao processo organizacional transformando conhecimento em ações da empresa.

2.2 COLOCANDO EM PRÁTICA A NOVA FILOSOFIA

A implantação do conceito de marketing de relacionamento deve ser um processo disciplinado, que permite às empresas utilizar quantidades maciças de informações sobre seus clientes a fim de prever dinamica-

---

[8] Sistemas de Suporte a Decisão (SSD) são sistemas interativos compostos de software e hardware que servem para modelagem e análise de dados e são utilizados como apoio ao processo de tomada de decisão a partir de dados compilados de fontes internas e externas.

mente o seu comportamento e desenvolver ações em um nível de micro-marketing[9].

Em todos os casos, o objetivo é poder fornecer o valor agregado, ou adicional – aquele oferecido pelo produto ou serviço antes, durante e após a venda em um processo contínuo. No entanto, os clientes também vêm buscando um relacionamento de longo prazo, no qual as necessidades individuais possam ser atendidas não somente no momento atual, mas também no futuro.

A implantação do conceito de marketing de relacionamento não é simples. Para uma empresa que tem o foco em produtos e serviços, exige mudanças radicais na forma de fazer o negócio.

As principais mudanças nas estratégias e no enfoque dos negócios, segundo Gordon (1998), com perspectiva positiva para o marketing de relacionamento, podem ser observadas no Quadro 2.1.

Quadro 2.1 – Mudança no enfoque dos negócios.

Hoje	Amanhã
Observa o balanço dos bens das empresas.	Observa a lista de clientes e a lucratividade dos relacionamentos com os clientes como o bem durável da empresa.
Enfoque no negócio para atender segmentos de mercado. Venda para todos desse segmento.	Enfoque nos clientes individuais. Venda para clientes de acordo com a aceitação deles como parceiros de relacionamento. Desejo de administrá-los no sentido de uma maior lucratividade, discipliná-los para que os recursos de consumo sejam melhor alocados para clientes prioritários ou demiti-los como clientes que você não deseja mais atender.
Sucesso do mercado é avaliado pela participação no mercado.	Sucesso é avaliado pela participação do valor vitalício de clientes prioritários.
Estratégias de gerenciamento de custos e de crescimento concentradas em produto e mercado.	Crescimento por meio de alinhamento lucrativo com clientes existentes preferenciais.
Eficiência da infraestrutura existente.	Eficácia no desenvolvimento de novos valores com clientes desejáveis.
Marketing e produção em massa.	Personalização e customização em massa.

[9] Forma de marketing na qual a empresa cria programas de acordo com as necessidades e os desejos de segmentos específicos que podem ser geográficos, demográficos, psicográficos ou comportamentais.

2. MARKETING DE RELACIONAMENTO E SEUS CONCEITOS BÁSICOS

Hoje	Amanhã
Cadeia de abastecimento.	Cadeia de relacionamentos ou cadeia de demanda, de modo que os clientes iniciam os aspectos materiais do valor que eles procuram.
Vender o que fabricamos.	Fornecer ao cliente o que ele quer, mesmo que alguns produtos não sejam fabricados por nós.
Concorrer com empresas que produzem bens ou serviços similares.	Concorrer com empresas que querem alcançar os clientes que selecionamos como nossas contas de marketing de relacionamento.
Investir em fábrica e equipamento para produzir bens e serviços que a empresa planeja negociar.	Investir no conhecimento e na percepção sobre o cliente e nos componentes que facilitam os processos – funcionários, tecnologia e *know-how* para converter as exigências dos clientes individuais nos valores que cada um procura e fazê-lo lucrativamente.

Fonte: Gordon (1998, p. 111-112).

Para atingir o objetivo proposto, o marketing de relacionamento necessita de algumas mudanças no processo organizacional. Para Etzel (2001, p. 625-626), para ser bem-sucedido, o marketing de relacionamento deve possuir diversos componentes:

- Uma empresa que decida, em primeiro lugar, com que consumidores e clientes potenciais deseja construir um relacionamento, já que alguns são mais atraentes que os outros.
- Desenvolver um sistema para utilizar e gerenciar as informações sobre cada cliente.
- Em lugar de produtos ou serviços completos, uma empresa precisa desenvolver componentes ou processos que possam ser reunidos de diferentes maneiras para atender às necessidades individuais.
- Os vendedores precisam ser transformados em gerentes de clientes que enfoquem o aprimoramento da relação com os consumidores por meio de informações.

Para isso, é necessário envolver todo o pessoal, tecnologia, processos e estratégias dentro da empresa. O relacionamento não pode ser tratado como uma atividade de um departamento ou como um conceito isolado.

Isso significa também que todos, dos fornecedores aos colaboradores, cliente e outros, incluindo varejistas e outros membros do canal de distribuição, os investidores e os acionistas, precisam formar uma cadeia de relacionamentos que aumente cada vez mais o valor do relacionamento para o cliente final utilizando-se de estratégias direcionadas.

O processo de implementação da estratégia para o desenvolvimento do conceito de marketing de relacionamento deve ser pensado com uma série de quatro passos básicos (PEPPERS & ROGERS, 2000, p. 7-9):

- Identifique seus clientes – Não é possível estabelecer uma relação com alguém que não conseguimos identificar. "Assim, é absolutamente crítico conhecer os clientes individualmente, com o maior número de detalhes possível e ser capaz de reconhecê-los em todos os pontos de contato".
- Diferencie seus clientes – Isso significa que uma empresa deve categorizar seus clientes por suas diferentes necessidades e preparar-se para tratar seus diferentes clientes de forma diferente.
- Interaja com seus clientes – A etapa de interação está intimamente ligada à diferenciação. Além de saber como as necessidades dos clientes mudam, é necessário um processo de utilização de feedbacks interativos para que seja possível deduzir quais as necessidades específicas daquele cliente.
- Personalize alguns aspectos do comportamento de sua empresa para melhor atender os seus clientes – Para incentivar os clientes a manter uma relação de aprendizado, a empresa precisa adaptar-se às necessidades individuais expressas pelo cliente.

Os relacionamentos são construídos sobre familiaridade e conhecimento. O desafio é definir rapidamente os bancos de dados exigidos e então agir sobre eles para restaurar relacionamentos pessoais em marketing.

Temos dois conceitos que determinam um papel importante para as ações de marketing de relacionamento, que são o *database* marketing e o CRM (*Customer Relationship Management*):

- O *database* marketing usa as ferramentas de banco de dados (*database*): telemarketing (*call centers*) e comunicação dirigida, assentando-se sobre informações, conhecimento e experiência (*knowledge-based* e *experience-based*).
- O CRM é um dos métodos mais sofisticados e eficientes que transformam a maneira como as empresas podem aumentar a rentabilidade dos clientes atuais. Além disso, o uso da internet e celulares como canal de relacionamento e de vendas é amplamente facilitado e viabilizado por este novo método, que embora seja praticado ainda por poucas empresas, traz resultados largamente compensadores em

clientes mais leais, maior satisfação com a marca e um nível de proximidade nunca antes experimentado. Trataremos o conceito do CRM no próximo capítulo.

2.3 O MARKETING A PARTIR DO BANCO DE DADOS (*DATABASE* MARKETING)

O *database* marketing é uma das ferramentas de gerência e apoio às decisões. No banco de dados deverão estar gravadas todas as informações relevantes dos clientes da empresa. Com base nesses dados, a empresa poderá ter um relacionamento individual com cada cliente, podendo apresentar para cada um o produto, serviço ou ideia que lhe convier e que for de sua necessidade e desejo. O banco de dados, porém, é apenas uma ferramenta; o modo como ele será usado fará toda a diferença. Além disso, a empresa deve fazer uso de outras ferramentas como pesquisa de mercado e a utilização de informações gerenciais disponíveis nas diversas áreas da organização (como tratado anteriormente).

A partir do registro e da manutenção dos dados dos públicos que nos interessam é que ficamos conhecendo nossos consumidores. No Quadro 2.2, temos as vantagens e desvantagens da utilização do banco de dados para as estratégias de marketing.

Quadro 2.2 – Vantagens e desvantagens do banco de dados.

Vantagens	Desvantagens
A implantação do banco de dados de marketing pode ser vantajosa se considerarmos os seguintes aspectos:	Embora o banco de dados tenha algumas vantagens, é necessário salientar que também existem pontos fracos, dos quais podemos citar:
• Cria barreiras intransponíveis para a concorrência já que é difícil de monitorar.	• Exige profissionais altamente qualificados para analisar os dados e desenvolver ações de relacionamento.
• Gera integração da empresa ao redor do cliente.	• É um investimento a longo prazo já que um relacionamento não se desenvolve de um dia para o outro.
• Os custos de marketing são contabilizados ação por ação.	• Como qualquer mudança organizacional, esse novo enfoque gera resistências culturais.
• É uma ferramenta de marketing personalizável e seletiva, ou seja, a empresa determina com quem e o que falar.	

O banco de dados de clientes (*database*) ajuda a implementar o marketing de relacionamento de diversas maneiras (BRETZKE, 2000, p. 152-159):

- Os esforços de marketing tornam-se tanto mais eficientes como eficazes, porque a empresa está hábil para identificar seus clientes mais importantes e então apresentar a eles a oferta, o produto ou o serviço adequado no tempo correto.
- A Tecnologia da Informação está disponível atualmente para administrar a vasta quantidade de dados de que a instituição necessita para interagir com seus clientes de maneira verdadeiramente personalizada e rentável.
- Um "diálogo" verdadeiro pode ser mantido com clientes ao descobrir interações contínuas, identificando mudanças no comportamento de compra, perfil de investimento e propensão à inadimplência e permitindo à instituição antecipar riscos e oportunidades futuras.
- O desenvolvimento de novos produtos e serviços é facilitado ao se conhecer o perfil da sua base de clientes atuais e futuros, como ele satisfaz o cliente e quais mudanças poderiam resultar em maior aceitação da oferta.

Não existe uma definição universalmente aceita de *database* marketing (intitulado também muitas vezes de marketing de relacionamento, marketing de fonte única ou isolada, marketing integrado, sistemas de informações de marketing, marketing um-a-um, marketing de segmentação, marketing de retenção, marketing de nichos, micromarketing ou novo marketing direto), por isso, novamente vamos buscar uma sustentação bibliográfica.

Até um tempo atrás, falar em análise individual dos seus clientes era algo complexo de se sistematizar e, portanto, falar sobre marketing de relacionamento em sua amplitude era um sonho. No entanto, o aparecimento do banco de dados, e sua utilização mais constante pelos profissionais de marketing, possibilitou o surgimento de um conceito – o *database* marketing.

Esse conceito envolve pelo menos a administração de um sistema informatizado de dados relacional e em tempo real que contém abrangência, atualização, dados relevantes dos clientes, pesquisas e clientes potenciais. Isso ajuda a identificar os clientes mais reativos para o propósito de desenvolver alta qualidade e relacionamentos de longa duração para repetição de negócios.

A partir do banco de dados vão sendo registradas as diferenças individuais dos consumidores e vão sendo traçados segmentos homogêneos que devem originar comportamentos similares. Shaw e Stone (1993) definem o *database* marketing como "uma abordagem interativa para o marketing que usa canais e meios de comunicação de marketing endereçáveis individualmente".

A premissa do conceito de *database* marketing é bem antiga – conhecimento transforma-se em poder. Quanto mais você souber acerca do relacionamento com seu cliente e souber transformar esse conhecimento na capacidade de agir, mais sua empresa se destacará em relação ao concorrente.

Segundo Kobs (1993, p. 317), *database* marketing é definido da seguinte maneira: "é uma coleção de dados inter-relacionados de clientes e transações que permite a oportuna busca ou uso daquelas informações para transformá-las em oportunidades de mercado."

Em geral, as empresas possuem muitos dados (não informações) armazenados (não organizados), utilizados para suportar operações como faturamento, cobrança, entrega, contas a receber e a pagar, estoques, comissões etc.; ou um "cadastro" de clientes, que são geralmente armazéns de nomes, endereços e informações irrelevantes.

Por si só, o *database* marketing não traz benefícios; ele deve fazer parte de uma estratégia integrada de marketing, desenhada para captar dados relevantes e íntegros sobre os clientes, estabelecer fidelidade, incentivar a frequência de compras e envolver representantes e a equipe de vendas no processo de promover serviços ao cliente.

Além disso, o *database* marketing exige muitas vezes recursos de análise estatística avançada, e quanto mais informações a empresa obtém, maior a necessidade de análise que forneça informações examinadas e tratadas automaticamente.

Para isso, a empresa tem de formar uma sólida equipe de marketing, com direção, recursos (físicos, tecnológicos e financeiros) e autoridade para colocar em operação o banco de dados de marketing. Portanto, alguns pontos merecem cuidados no momento de tomar a decisão de implantar esse novo conceito, como podemos verificar no Quadro 2.3.

Quadro 2.3 – Garantias de fracasso.

Processo de implantação do database marketing
Software inadequado à quantidade e qualidade das informações.
Pressões a curto-prazo.
Preconceito dos dirigentes da empresa por acreditarem que as demais mídias trazem um resultado mais rápido e lucrativo.
Iniciar projetos em função de os concorrentes os terem desenvolvido.
Falta de profissionais qualificados para gerenciar o DBM.

Um bom *database* marketing requer constantes mudanças de programas, como resultados de múltiplos testes, experiência e da dinâmica de novas descobertas e novas ideias. Qual a tecnologia adequada para a montagem de uma operação de marketing com banco de dados? Aquela necessária e suficiente que permita aos profissionais de marketing fazerem quantas e quaisquer perguntas quiserem – por mais sem sentido que possam parecer – para que eles identifiquem oportunidades ou riscos de negócios.

A tecnologia de *database* marketing pode fornecer informações pessoais, incluindo nomes e endereços (entre muitas outras), se necessário, que aumentam a capacidade de resposta da empresa a ambiente em constantes mudanças. A partir dos dados obtidos pode-se elaborar perfis de cliente; esta é uma forma de dividi-los em segmentos que apresentem atribuições semelhantes – comportamento de consumo, estatísticas demográficas ou estilo de vida.

A base de dados sobre os clientes aliados a modelos de previsão e segmentação de mercado, integrados em sistemas de suporte à decisão, possibilita à empresa criar uma base de conhecimento e diferenças, que se traduz em vantagem competitiva.

O *database* marketing possui, portanto, dois movimentos característicos:

- Para dentro (qualitativo e intensivo) – Analisa os dados para identificar os melhores clientes e suas características e faz esforços de comunicação para aumentar a frequência e o volume de compras dos clientes. Em outras palavras: mantém e amplia as vendas.
- Para fora (quantitativo e extensivo) – Busca outras pessoas/empresas (*prospects*) com características semelhantes e faz esforços de comunicação para transformá-las em novos clientes. Em resumo: busca novos negócios e oportunidades.

Segundo Bretzke (2000), a experiência nos tem mostrado que o *database marketing* é aplicado com sucesso nas estratégias de apoio aos profissionais de vendas, prospecção de novos clientes, vendas cruzadas (*cross-selling* e *up-selling*), comunicação dirigida e suporte a programas de fidelização.

2.3.1 *DATABASE* COMO FERRAMENTA DE APOIO AOS PROFISSIONAIS DE VENDAS

O *database* marketing, como suporte às atividades de vendas, permite aumentar a produtividade do profissional que atua nessa área, auxiliando-o em algumas ações como, por exemplo, a prospecção[10], a comunicação com seu público-alvo e a construção de relacionamentos.

A área de vendas representa uma atividade importante dentro da gestão organizacional. Além de ser um instrumento de geração de receitas, assume cada vez mais o papel de elemento de comunicação e construção de relacionamentos entre a empresa e o mercado.

> No ambiente comercial, o profissional de vendas assume o papel de ser o grande canal de transmissão de uma ideia. Sua postura diante do potencial comprador é vital para o sucesso de uma negociação e sua atuação pode fazer com que rumos de um processo comercial mudem completamente, pois não é fácil "vender" a ideia de um produto ou serviço ao mercado. (MOREIRA et.al., 2000, p. 133).

A qualidade dos serviços prestados pelo profissional da área de vendas pode contribuir significativamente para o nível de satisfação do consumidor e, consequentemente, os resultados conquistados pela empresa. Segundo Moreira et al. (2000, p. 133), se o profissional construir o relacionamento de forma adequada, ou seja, favoráveis tanto para a empresa como para o consumidor, "[...] os resultados e os volumes de vendas podem ultrapassar significativamente as expectativas da alta administração ou dos gerentes de produtos ou serviços ou marketing".

Mas, de que forma o *database* poderá apoiar os profissionais de vendas e, assim, melhorar a eficiência da gestão da área?

Antes de responder essa pergunta, é importante definir as principais funções pelas quais esse profissional é responsável. Entre as diversas

---

[10] Prospecção é o processo de identificação de uma pessoa ou empresa potencialmente interessada em adquirir um produto.

funções, algumas atividades específicas fazem parte de sua rotina, como: identificar e prospectar novos clientes, identificar necessidades ou áreas de atrito entre o cliente e a empresa, promover produtos e serviços certos para a pessoa certa utilizando a forma correta de se comunicar, mensurar o resultado, alimentar com informações de mercado as demais áreas da empresa (marketing, produção, logística, finanças etc.), entre outras atividades. É evidente que cada empresa define as atribuições do profissional da área de acordo com as características do negócio e o que foi apresentado é apenas algumas das atividades mais comuns.

> A responsabilidade dos profissionais de vendas não se limita à comercialização de produtos: suas informações e previsões são o ponto de partida para várias tarefas da organização, como compra de matérias primas, desenvolvimento de novos produtos e orçamento de marketing. (MOREIRA et.al., 2000, p. 60).

A administração de todas essas funções que o profissional e a área de vendas assumem não é uma atividade simples e, por isso, precisam ter o suporte de ferramentas que possibilitem melhorar a eficiência e a eficácia do processo.

Podemos agora responder à pergunta feita anteriormente sobre de que forma a utilização do *database* marketing poderá auxiliar na gestão de vendas. Vejamos algumas das possibilidades:

- Auxílio na identificação de oportunidades de mercado – O profissional de vendas deve estar sempre avaliando as oportunidades de mercado relativas ao seu público-alvo e qualificá-las. A construção de um *database* que contém as informações de mercados potenciais pode auxiliar na definição dos melhores clientes-alvo, indicando também a melhor forma de abordá-los, ou na definição daqueles que não precisam ser priorizados.
- Melhora no relacionamento com os clientes atuais – A partir do *database*, um vendedor pode verificar as últimas ocorrências em relação a um determinado cliente, preparando-se adequadamente para o próximo contato. Ter informações sobre o que o cliente necessita, as últimas ações desenvolvidas e os possíveis problemas na relação transformam-se em um importante aliado do profissional de vendas, colocando-o em uma posição favorável junto ao cliente.
- Envio de materiais promocionais aos clientes-alvo – O *database* também pode auxiliar na preparação da venda, verificando qual material

promocional (comunicação) é o mais adequado para que seja enviado aos clientes-alvo. Desta forma, no momento do contato, o cliente já terá algumas informações importantes para o processo de tomada de decisão, facilitando o trabalho do profissional de vendas.

- Envio de informações importantes para as demais áreas organizacionais – É importante destacar que o *database* não serve apenas para alimentar o profissional de vendas com informações importantes no desenvolvimento de suas atividades. O profissional deve ser responsável pela administração do *database*, cuidando da inclusão e/ou atualização dos dados a partir das informações adquiridas no momento de contato com o cliente. Desta forma, as demais áreas da empresa, também usuárias do *database*, terão as informações necessárias para planejar suas atividades, garantindo que se possa desenvolver estratégias que mantenham a satisfação do cliente a longo-prazo.
- Mensuração de resultados cliente-a-cliente – As informações contidas no *database* sobre as vendas realizadas junto a um cliente específico ou a grupos de clientes permitem ao profissional de vendas avaliar com precisão os efeitos de uma determinada campanha ou ação de vendas, apresentando inclusive a relação entre o custo e o resultado obtido.
- Eficiência na gestão de vendas – Para um gerente de vendas, o *database* é uma importante ferramenta no acompanhamento de sua equipe de vendas, pois analisa a performance de cada profissional de vendas, a necessidade de ampliação das equipes de vendas, a necessidade de treinamento ou até mesmo a necessidade de mudanças no perfil dos vendedores. O gerente pode ter, a partir do uso desta ferramenta, desde uma visão geral sobre o comportamento de vendas até uma análise específica sobre a forma de abordagem de um determinado cliente.

Essas são apenas algumas possibilidades que a utilização do *database* aplicado na gestão de vendas pode propiciar. Entretanto, o uso desta ferramenta para esses fins deve estar alicerçada em uma política de relacionamento desenvolvida por toda a organização, ou seja, não se pode imaginar que todas essas possibilidades possam ser conquistadas a partir de uma ação individual da área ou dos profissionais que atuam nela.

Algumas empresas ainda constroem o *database* apenas para ser utilizado de forma restrita à área de vendas e se frustram ao perceber a limitação que ele adquire em relação ao seu potencial.

CRM (*CUSTOMER RELATIONSHIP MANAGEMENT*)

Lembrando que o *database* é uma ferramenta mercadológica e, portanto, deve ser utilizada para propiciar a gestão do relacionamento entre a empresa e o mercado de atuação. A área de vendas é um dos elos dessa corrente, mas não o único.

2.3.2 VENDA CRUZADA (*CROSS-SELLING*)

Imagine que, ao comprar uma lanterna, você recebe o incentivo necessário para levar também uma pilha ou bateria, ou que, ao comprar um computador, o vendedor te apresente a possibilidade de softwares adicionais que poderão ajudá-lo em suas necessidades. Pois bem, isso é que denominamos de venda cruzada, também conhecida como *cross-selling*.

A ideia das vendas cruzadas é oferecer produtos ou serviços complementares ou não aos clientes atuais, ou até mesmo futuros, de uma determinada oferta, com o objetivo de aumentar a receita por cliente (*client-share*).

Esse não é um conceito novo, os comerciantes do passado já sabiam bem desta necessidade de oferecer produtos e serviços complementares com o objetivo de agradar a "freguesia". O que ocorreu é que, com o crescimento do número e categorias/linhas de produtos e também de clientes, essa atividade deixou de ser simples para se tornar extremamente complexa, deixando de ser utilizada pela maioria dos comerciantes ou sendo utilizada com restrições.

No entanto, a partir da utilização de ferramentas como o *database* marketing e das novas tecnologias aplicadas ao ponto-de-venda, a utilização dessa proposta volta a ser possível e eficiente. A partir de uma compra ou da manifestação da intenção de compra e cruzando com os dados e perfil deste cliente, verificando suas últimas aquisições, a empresa poderá oferecer produtos ou serviços complementares ou adicionais.

Vejamos alguns exemplos fictícios, mas possíveis de serem realizados a partir da ideia de vendas cruzadas com o uso do *database*:

- Ao abastecer o carro em um posto de gasolina e efetuar o pagamento com cartão de débito ou crédito, o *database* pode iniciar uma busca de dados sobre o cliente, o que leva à possibilidade de se identificar algumas oportunidades de venda cruzada. O sistema pode identificar, por exemplo, que a última troca de óleo feita pelo cliente já foi há bastante tempo, então, pode-se estar diante de uma possível necessidade; desta forma, a empresa pode oferecer, no momento em que o cliente estiver efetuando o pagamento do combustível, um desconto para que ele execute também este serviço.

- Quando o consumidor entra em um site de compras pela internet, o sistema começa a identificá-lo, verificando a partir do *database* se o mesmo é cliente ou um *prospect*. No caso de ser um *prospect*, a empresa começa a utilizar os recursos de marketing para estimular uma primeira compra; mas, sendo cliente, da mesma forma que no exemplo anterior, pode-se começar a apresentar propostas de produtos ou serviços complementares ou adicionais a partir das últimas transações realizadas (histórico de compras). Além disso, no momento em que decidiu comprar um produto ou serviço, da mesma forma, a empresa pode oferecer bens complementares ou adicionais.

- Da mesma forma que acontece quando o consumidor entra em contato com um banco pelo telefone, o sistema identifica um potencial de aplicação ou investimento financeiro e pode oferecer este serviço durante o contato.

Como podemos perceber, a possibilidade de venda cruzada a partir da incorporação do *database* é muito ampla, mas novamente é importante lembrar que isso somente será possível se a empresa tiver no mínimo os seguintes elementos:

- Um banco de dados atualizados sobre os clientes e ferramentas que possibilitem este cruzamento de informações.
- Processos organizacionais orientados para o mercado possibilitando ofertar os produtos ou serviços complementares e adicionais.
- Estratégia de relacionamento que permite identificar, diferenciar e interagir com os clientes.

Então, uma empresa que deseja aumentar sua receita por cliente deverá abordar o tema de forma estratégica incorporando o cliente no processo da gestão como um todo.

2.3.3 COMUNICAÇÃO DIRIGIDA E O MARKETING DIRETO

Primeiramente é importante destacar que a comunicação dirigida não é um conceito novo que começa a ser apresentado agora, mas um campo de comunicação cuja importância só agora está sendo reconhecida e desenvolvida pelas empresas de uma forma mais contínua e profissional.

A proposta básica da comunicação dirigida é o envio de uma mensagem e/ou oferta personalizada (customizada) a um determinado cliente-alvo (ou a um grupo de clientes-alvo), utilizando-se para isso dos veículos de comunicação direta como venda pessoal, telemarketing, mala direta, e-mail, *mobile* marketing, entre outros:

- Venda pessoal – Permite a interação de um vendedor ou um promotor junto ao público-alvo. A partir do contato direto entre essas duas partes a empresa pode identificar as necessidades específicas de um determinado cliente e apresentar as informações adequadas para auxiliá-lo no processo de tomada de decisão.
- *Call Center* – O uso do telefone como forma de contato entre a empresa e os clientes vem sendo cada vez mais utilizado. Da mesma forma que a venda pessoal, permite uma enorme interação entre as partes envolvidas no processo de comunicação.
- Mala Direta – No caso deste veículo de comunicação direta, utiliza-se o correio para atingir determinado cliente-alvo. A mala direta, diferente das outras duas ferramentas, não permite uma interação tão rápida entre as partes envolvidas (empresa e cliente), mas possibilita uma maior criatividade no desenvolvimento de "peças" promocionais a serem enviadas.
- E-mail – O meio eletrônico vem sendo cada vez mais utilizado pelas empresas em razão do crescimento de sua utilização por parte dos consumidores e, também, pelo baixo custo de utilização comparado com outras formas. O e-mail (correio eletrônico) tem características semelhantes à mala-direta, porém tem sua limitação no envio de "peças" promocionais.
- *Mobile* marketing – É o termo usado para ações de comunicação pelo celular. Assim como a venda pessoal e o telemarketing, permite a construção de diálogos e interações com o consumidor.

O que distingue a comunicação dirigida de outras formas de comunicação tradicional como televisão, rádio e jornal é que estes veículos atingem o consumidor de forma direta, personalizada e alguns destes veículos, de forma interativa e em tempo real (no caso da venda pessoal, telemarketing e *mobile* marketing).

Contudo, a eficiência na utilização desses veículos e das estratégias de comunicação direta está na utilização de um *database* marketing com o propósito de orientar a empresa em relação ao cliente que será atingido pela ação e a forma, o conteúdo e o meio (mídia) que a mensagem deve ser enviada a fim de atingir os objetivos propostos pela ação.

Após analisar e classificar a base de dados de clientes pelos critérios estabelecidos na ação de marketing, é possível utilizar esse conhecimento para criar novas iniciativas de marketing, como o desenvolvimento de novos produtos, canais de comercialização e preços diferenciados. Portanto, o *database* serve para orientar a ação que será desenvolvida na comunicação dirigida.

Vejamos como a união do *database* com os veículos de comunicação direta pode ser utilizada para aumentar a eficiência da ação de comunicação:

- Venda Pessoal – De posse do *database*, o vendedor poderá, no momento da comercialização, verificar a potencialidade do cliente para a empresa, verificando, por exemplo, as últimas aquisições e negociações realizadas.
- Telemarketing – Na ação de telemarketing ativo, a empresa pode verificar quais clientes devem ser acionados em uma campanha, o melhor horário para abordá-los e se existe autorização para isto. No caso do telemarketing receptivo, a empresa pode verificar, no momento em que receber uma ligação, quais foram as últimas interações com o cliente e se existe algum problema no relacionamento.
- Mala direta e e-mail marketing – Da mesma forma que o telemarketing, o *database* auxilia na segmentação de grupos de clientes e apresenta os elementos necessários para a criação da estratégia de comunicação mais adequada.
- *Mobile* marketing – A partir da segmentação de um grupo de clientes no *database* e verificação do potencial deles para ação de marketing, a empresa pode direcionar mensagens de texto com promoções e serviços específicos para cada cliente, além de enviar fotos de produtos e propagandas personalizadas.

Como podemos perceber, as possibilidades de ações diretas são muitas com a união dos conceitos *database* e comunicação dirigida.

Entretanto, o efeito dessas ações só poderá ser mensurado e atingido se a empresa tiver um *database* atualizado e se as análises forem feitas de forma adequada. Além disso, a estratégia de comunicação utilizada deve

2.3.4 PROGRAMAS DE FIDELIZAÇÃO

Os programas de fidelização têm o objetivo de aumentar o valor percebido pelo cliente com o intuito de aumentar a satisfação dele. Entende-se que o cliente satisfeito terá um vínculo mais forte com a empresa, não ficando tão sujeito a ações do concorrente.

Quando uma empresa desenvolve um programa de fidelização, o primeiro ponto a ser observado é que essa ação deve ser baseada em uma estratégia de relacionamento a partir de uma análise adequada no *database*; isto é, para conquistar o cliente e, consequentemente, fidelizá-lo, é necessário começar com um profundo entendimento do que eles valorizam. Isto não é apenas uma questão de descobrir quais as necessidades ou os benefícios que os clientes têm ou querem, mas refere-se ao entendimento (profundo) do que eles percebem como valioso em sua vida.

Somente depois de entender de fato o que o cliente valoriza é que o processo de desenvolvimento de benefícios a partir de um programa de fidelização pode começar. Portanto, a utilização do *database* como parte integrante de um programa de fidelização é obrigatória se a empresa quiser realmente aumentar o valor percebido e, consequentemente, criar um vínculo mais forte a longo prazo com o cliente.

2.4 BANCO DE DADOS, O CAMINHO PARA A DIFERENCIAÇÃO

Em resumo, temos empresas de todo o mundo utilizando cada vez mais a tecnologia de banco de dados para visualizar suas estratégias em que o cliente é o principal foco.

O uso generalizado de redes de comunicação de dados, o aumento cada vez mais acelerado da capacidade de processamento e armazenamento de informações e a evolução constante da tecnologia de banco de dados oferecem uma oportunidade única para a captação de estratégias sobre o cliente e seu relacionamento com a empresa.

A análise criteriosa dessas informações nos permite conhecer os hábitos de consumo com grande precisão e mensurar resultados e esforços de marketing realizados, viabilizando o planejamento e a alocação de recursos com alto índice de eficiência.

Dentre as diversas tecnologias que disputam a atenção e preferências das empresas, o uso tático estratégico de banco de dados como ferramenta de gestão é uma das mais efetivas para aumentar a rentabilidade dos negócios, aproximar-se dos clientes, entrar em contato com novos mercados e explorar novas oportunidades.

A informação existente fica cada vez mais detalhada e rica à medida que as empresas se mostram mais orientadas aos clientes, e a Tecnologia da Informação fica mais poderosa e menos cara.

Conhecer mais sobre essa tecnologia permitirá aos gestores organizacionais descobrir novas maneiras de diferenciar sua empresa em um ambiente mercadológico de constantes modificações, deixando-os mais seguros para definirem as metas e adotarem diferentes estratégias em sua organização, conseguindo assim visualizarem as necessidades antes de seus concorrentes.

2.5 REFERÊNCIAS

BRETZKE, Miriam, *Marketing de relacionamento e competição em tempo real com CRM (Customer Relationship Management)*, São Paulo, Atlas, 2000.

ETZEL, Michael J., *Marketing*, São Paulo, Makron Books, 2001.

FUTRELL, Charles M., *Vendas: Fundamentos e novas práticas de gestão*, São Paulo, Saraiva, 2003.

GORDON, Ian, *Marketing de relacionamento: estratégias, técnicas e tecnologias para conquistar e mantê-los para sempre*, São Paulo, Futura, 1998.

HUGHES, Arthur M., *Database marketing estratégico*, São Paulo, Makron Books, 1998.

KOBS, Jim, *From MD to DM: do marketing direto ao database marketing*, São Paulo, Makron Books,1993.

KOTLER, Philip, *Administração de marketing: a edição do novo milênio*, São Paulo, Prentice Hall, 2000.

LAS CASAS, Alexandre L., *Administração de vendas*, 4ª ed., São Paulo, Atlas, 1998.

McKENNA, Regis, *Marketing de relacionamento*, Rio de Janeiro, Campus, 1997.

MOREIRA, Júlio César T. et.al, *Administração de Vendas*, São Paulo, Saraiva, 2000.

PEPPERS, Don e ROGERS, Martha, *CRM Séries Marketing 1 a 1: Um guia executivo para entender e implantar estratégias de Customer Relationship Management*, São Paulo, Pepper and Roger Group Brasil, 2000.

RAPP, Stan e COLLINS, Tom, *A grande virada do marketing: dos mesmos autores do best-seller Maximarketing*, São Paulo, Futura, 1999.

SHAW, Robert e STONE, Merlin, *Marketing com banco de dados*, São Paulo, Atlas, 1993.

STONE, Bob, *Marketing direto*, 4ª ed., São Paulo, Nobel, 1992.

VAVRA, Terry G., *Marketing de relacionamento*, São Paulo, Atlas, 1993.

Capítulo 3
O Gerenciamento do Relacionamento com o Mercado (CRM)

Como vimos no capítulo anterior, as ações e decisões referentes aos clientes atuais e potenciais precisam estar fortemente alicerçadas em informações que agilizem e otimizem todo o processo de vendas, marketing e atendimento. As informações de relacionamento precisam ser compiladas, recuperadas e disponibilizadas no momento em que o contato entre a empresa e o cliente está ocorrendo para que se possa conhecer e reconhecer o cliente e, dessa forma, direcionar produtos, serviços e ofertas ajustadas a ele, que assim estará disposto a estabelecer a preferência pela marca, repetir a compra e inclusive pagar mais para obter o valor agregado que lhe é oferecido.

Criar uma filosofia de gerenciamento das relações com os clientes denominada *Customer Relationship Management* ou simplesmente CRM é muito mais que programas de fidelização ou *call centers*[11]. É uma estratégia de marketing, um esforço corporativo contínuo, de longo prazo, que deve envolver todos os níveis da organização. Isto significa dizer que a construção de um relacionamento forte entre a empresa e o cliente é desenvolvido a partir de um processo contínuo de aprendizado que possibilita benefícios mútuos.

---

[11] Call center é o local em uma empresa onde se concentram as ligações ou contatos pela internet ou por outro meio eletrônico dos clientes.

O conceito de CRM vem de uma quebra de paradigma dentro da empresa porque ele está baseado em uma mudança cultural, que é a passagem da visão de produto para a visão do cliente.

Esta mudança de foco vem sendo justificada pelo aumento da concorrência em todos os níveis e em todos os segmentos, levando as empresas a buscarem diferenciais competitivos que possam ser percebidos no mercado de atuação.

Lembrando que, assim como já visto nos capítulos anteriores, um grande fator de diferenciação das empresas, em relação ao concorrente, está em buscar aumentar a satisfação a partir de uma aproximação maior com o cliente-alvo e, a partir desta aproximação, buscar transformar o conhecimento adquirido em ações mercadológicas que possibilitem aumentar o valor percebido pelo cliente.

3.1 O CRM E A TECNOLOGIA DA INFORMAÇÃO

O principal objetivo do CRM é melhorar o relacionamento entre a empresa e o mercado-alvo e, com isso, propiciar benefícios mútuos, de modo que o mercado tenha suas necessidades satisfeitas, e a empresa conquiste os resultados esperados.

Essa tarefa vem sendo facilitada em razão de uma interação cada vez maior das estratégias de marketing e a Tecnologia da Informação, a qual vem permitindo às empresas promoverem meios de identificar, diferenciar, interagir e personalizar a relação com o cliente, aumentando a eficiência e a eficácia das ações mercadológicas realizadas:

> Do ponto de vista tecnológico, CRM envolve capturar os dados do cliente ao longo de toda a empresa, consolidar todos os dados capturados interna e externamente em um banco de dados central, analisar os dados consolidados, distribuir os resultados dessa análise aos vários pontos de contato com o cliente e usar essa informação ao interagir com o cliente por meio de qualquer ponto de contato com a empresa. (PEPPERS & ROGERS, 2000, p. 35).

Essa tecnologia aplicada ao marketing e ao relacionamento com o mercado deve abranger pelo menos os seguintes elementos:

- Regras de negócios – São necessárias para garantir que qualquer transação com o cliente seja processada de maneira eficiente. Por exemplo: se uma empresa quiser que os clientes mais lucrativos e de alto volume sejam atendidos por especialistas, as regras de negócios devem definir, com clareza, qual é esse critério. Com base na complexidade das transações, uma organização pode precisar de centenas de regras de negócios.

- *Data warehousing* – Gerenciar relacionamentos com os clientes depende das informações sobre ele, que geralmente estão em bancos de dados diversos e separados. Consolidar as informações importantes em um lugar e ter certeza de que elas se inter-relacionem não é uma tarefa fácil. No entanto, uma vez realizada, o *data warehousing* (armazenamento conjunto de dados) amplia o potencial de receita de uma empresa e o atendimento ao cliente. Por exemplo: uma empresa pode segmentar os tipos de clientes mantidos no *data warehouse* e lançar uma campanha de marketing direcionada para tipos específicos de clientes. De modo semelhante, uma boa elaboração de *data warehouse* pode ajudar a apresentar as informações com base em determinadas regras de negócios, para ajudar as vendas híbridas ou o *up-selling* (venda de atualizações, complementos ou aperfeiçoamentos para um determinado produto ou serviços) para clientes, por exemplo, que telefonarem ou acessarem o site por outras razões.
- Web (internet) – Uma das utilizações mais importante da web, na perspectiva do CRM, é o autoatendimento, de modo que os clientes possam fazer consultas sobre suas contas a qualquer momento e em qualquer lugar. A web também deve ser usada para emissão eletrônica de faturamento e pagamento, a fim de que os clientes possam consultar o valor devido e fazer o pagamento on-line, se for apropriado. Para a ampliação da receita, as empresas também podem oferecer mensagens instantâneas, a serem usadas para serviços de vendas híbridas e *up-selling*, com base nos perfis dos clientes que usarem o web site.
- IVR – É necessário um sistema de IVR (*Interactive Voice Response* – resposta interativa de voz) para que os clientes façam consultas de auto-atendimento por telefone, e não pela web.
- Geração de relatórios – É preciso ter boas ferramentas para a geração de relatórios, tanto para relatórios de clientes quanto para relatórios internos.
- Tecnologia de central de atendimento – Algum tipo de tecnologia de central de atendimento (*call centers*) com PBX ou VoIP (*Voice over*

Internet Protocol – voz por protocolo de internet) integrada com roteamento inteligente de chamadas é um requisito obrigatório para a interação com profissionais de atendimento ao cliente em operação.

- Estrutura de integração – Uma estrutura tecnológica que permita a todos os aplicativos e bancos de dados que tenham informações sobre clientes serem integrados pode representar uma grande diferença na implantação.

> Do ponto de vista dos sistemas, CRM é a integração dos módulos de automação de vendas (SFA), gerência de vendas, Telemarketing e televendas, serviço de atendimento e suporte ao cliente (SAC), automação de marketing, ferramentas para informações gerenciais, Web (Internet) e comércio eletrônico. (PEPPERS & ROGERS, 2000, p. 39).

Essa integração de sistemas pressupõe que a empresa esteja disposta a manter um relacionamento suportado por processos operacionais mais ágeis e que selecione a tecnologia adequada, e isto requer metodologia, conhecimento e experiência comprovada nesse tipo de solução. Também é preciso que os recursos humanos (pessoas emvolvidas) sejam treinados e capacitados, em todos os níveis, não só para melhorar a qualidade do atendimento, mas também para usar adequadamente as informações que transformam possibilidades de negócios em lucros.

Antes de implementar um projeto de CRM, as empresas precisam analisar seus próprios processos, o que é difícil porque a maior parte das organizações, em função da própria natureza, não é orientada para processos.

O primeiro aspecto é a compreensão de como transformar um cliente potencial em um cliente efetivo. O segundo é o entendimento de como se relacionar com o cliente ao longo do tempo, até porque seu perfil e comportamento não são fixos. A partir daí a empresa conseguirá definir qual é a estratégia de marketing adequada que garante a fidelização.

Portanto, CRM, ou gerenciamento do relacionamento, é um conjunto de estratégias, processos, mudanças organizacionais e técnicas pelos quais a empresa deseja administrar melhor seu próprio empreendimento acerca do comportamento do cliente.

Segundo Brown (2001), o *Customer Relationship Management* não é nem um conceito nem um projeto, é uma estratégia de negócios que visa entender e antecipar as necessidades dos clientes atuais e potenciais de uma organização.

Quais são os requisitos para uma bem sucedida iniciativa de CRM[12]? Primeiro, dispor das informações adequadas sobre os clientes. Um CRM pode ser considerado um *data mart* de marketing, com informações específicas sobre clientes. Este *data mart* (banco de dados para ações específicas) existe na empresa? Como poderá ser construído? De onde e como virão as informações para preenchê-lo? Qual será o nível de segmentação que se deseja chegar? Na prática, é impossível chegar a 100% de detalhamento de cada cliente da empresa, mesmo porque muitos deles não justificariam tal investimento. Embora a proposta do CRM seja fazer com que a empresa tenha apenas clientes rentáveis, no dia-a-dia isto dificilmente será alcançado.

Além disso, é necessário um projeto CRM bem consistente, o que significa focar em organização, processos e pessoas de marketing. Significa também integrar sistemas aplicativos com o *database* de CRM.

É muito importante não deixar em segundo plano a criação de uma mentalidade de comportamento focada na qualidade do atendimento ao cliente, de ponta a ponta, e não só na venda. Com certeza, para muitas empresas, será muito diferente do que vemos hoje. Este esforço implica em treinamento intenso e "internalização" dos conceitos de CRM em todos os níveis da organização. Implica também em mudar as estratégias de negócios que consideram que apenas política de preços baixos é o suficiente para manter sua clientela fiel. O elo mais simples será, sem dúvida, a tecnologia. Ela está disponível e é uma questão de fazer a escolha certa. Pessoas, organização e processos, no entanto, exigem esforços significativos para serem transformados.

3.2 A ARQUITETURA DA SOLUÇÃO

Segundo Peppers & Rogers (2000), em razão de sua abrangência, o conceito de CRM é dividido em analítico, colaborativo e operacional (Figura 3.1):

- CRM analítico – É a parte do CRM que possibilita determinar quais são esses clientes, quais devem ser tratados de forma personalizada – marketing de relacionamento – e quais são os clientes que devem ser deslocados para níveis de prioridade inferior. Nele, o foco passa dos serviços e processos para o cliente e suas características. Ele é a

---

[12] Estudo publicado em fevereiro de 2000 no Informativo *CRM Express*, disponível em: <www.running.com.br>.

fonte de toda a inteligência do processo, desde a identificação até a personalização das abordagens que a empresa fará. Entre as grandes tecnologias implementadas estão ferramentas que conseguem rapidamente, a partir de grandes volumes de dados (que podem ser extraídos de muitos bancos de dados distintos), agrupá-los de forma muito simples aos olhos do usuário.

- CRM colaborativo – Engloba as ferramentas de contato como e-mail, fax, internet, ou seja, todos os pontos em que ocorre a interação entre a empresa e o cliente.
- CRM operacional – É nele que a maioria das empresas está focada. Consiste em sistemas como automatização da força de vendas, atendimento em campo, centros de atendimento a clientes (*call centers*), sites de comércio eletrônico e sistemas automatizados de pedido. Essas soluções visam, basicamente, otimizar processos e organizar fluxos de atendimento e encaminhamento de ocorrências, o que acaba refletindo na qualidade e na agilidade do atendimento.

Figura 3.1 – Arquitetura de solução do CRM.

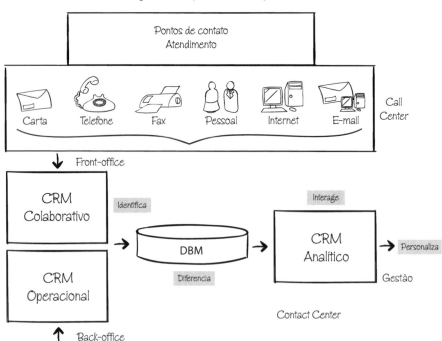

Entretanto, pode-se verificar que, sozinhas, essas ferramentas não permitem que as empresas tenham uma visão focada e única das preferências dos clientes, apesar de atenderem com excelência a demanda a que se destinam.

Brown (2001, p. 35-36) destaca a importância da tecnologia que fornece o suporte ao modelo de CRM e possibilita o desenvolvimento de uma infraestrutura estratégica com informações eficientes. Tudo com o objetivo de tornar, para os melhores clientes, a relação com a empresa algo fácil e conveniente, buscando sua satisfação e fidelidade.

É, principalmente, com a utilização das ferramentas analíticas que identificamos os clientes de menor e de maior valor para a empresa. Desenvolve-se tratamento diferenciado, buscando a personalização do atendimento que é a estratégia básica do CRM. (PEPPERS & ROGERS, 2000, p. 23-31).

Se observarmos com atenção e de forma isolada o CRM operacional e o CRM analítico, eles não atendem a todas as demandas – e será justamente a fusão dessas duas visões em uma única plataforma que fará a diferença entre ouvir o cliente, entendê-lo e reagir rapidamente. Esta integração pode trazer muitas facilidades para efetivamente entender o cliente. Por exemplo: um cliente liga para a central de atendimento de sua empresa para fazer uma reclamação sobre um produto ou serviço e, nesse instante, o sistema consulta uma fonte de informações que é capaz de dizer ao atendente que o cliente é preferencial, mas tem diminuído o relacionamento com a empresa e tende a, daqui a cerca de três meses, deixar de ser cliente. Neste instante, o próprio sistema é capaz de identificar as ofertas coerentes com as demandas que o cliente tem feito, sugerindo ao profissional que faz o atendimento que ofereça um benefício àquele cliente para elevar o nível de relacionamento.

Importante notar neste caso que, ao perceber a queda no relacionamento e o que deveria ser ofertado, foi realizado um trabalho de análise por parte do CRM analítico. No momento do contato com o cliente, o meio pelo qual o cliente contatou e a consulta básica de informações foram um trabalho do CRM operacional.

3.3 *DATA WAREHOUSE, DATA MART* E *DATA MINING*

Com a evolução da Tecnologia da Informação (TI) e o aumento do uso de computadores conectados em rede, as empresas vêm buscando soluções baseadas em sistemas de informação automatizados para controlar seus processos organizacionais mais importantes. A base desses sistemas é, em geral, um banco de dados (*database*), que com o passar do tempo acaba armazenando uma grande quantidade de dados relacionados aos negócios, mas não relacionados entre si. (INMON, 1999).

Esses dados controlados por sistemas operacionais ou corporativos de uma empresa constituem um recurso, mas, de modo geral, raramente servem como apoio estratégico no momento da decisão superior. Os sistemas de informação "transacionais" não são projetados para gerar e armazenar as informações estratégicas, portanto, estes sistemas passam a não ter muita utilidade para o processo de tomada de decisões estratégicas. Como consequência, essas decisões acabam sendo tomadas com base na experiência e no conhecimento dos gestores, quando poderiam ser baseadas na análise de fatos históricos registrados pelos diversos sistemas de informação das organizações.

Em termos simples, um *data warehouse*, ou "armazém de dados", pode ser definido como um banco de dados especializado que integra e gerencia o fluxo de informações a partir dos bancos de dados corporativos e fontes de dados externas à empresa. Um *data warehouse* é construído para que tais dados possam ser armazenados e acessados rapidamente, em tempo real, e que não sejam limitados pela álgebra relacional dos bancos de dados. O principal objetivo do *data warehouse* é tornar as informações corporativas acessíveis para o seu entendimento, gerenciamento e uso (INMON, 1999).

> O Data Warehouse é um lugar onde a informação do cliente é mantida; e o data mining é um processo que transforma a informação do Data Warehouse em conhecimento. (NEWELL, 2000, p. 121).

Podemos definir também o *data warehouse* como sendo uma coleção de técnicas e tecnologias que juntas disponibilizam um enfoque pragmático e sistemático para lidar com o problema do usuário final de acessar informações que estão distribuídas em vários sistemas da organização.

As aplicações típicas do *data warehouse* em uma empresa podem ser classificadas em dois grandes conjuntos:

- Aplicações do negócio da empresa – Constituem as aplicações que garantem a operação do dia-a-dia da empresa. Com o *data warehouse*, a empresa aumenta a agilidade no processo integrando todas as áreas da empresa e transmitindo informações em tempo real entre todos os envolvidos no processo de comercialização.

- Aplicações sobre o negócio – São as aplicações que analisam o negócio da empresa e suas relações com o mercado. Tendo uma maior visibilidade sobre o negócio da empresa e sobre o mercado de atuação, a empresa poderá planejar ações e estratégias futuras.

Percebemos, então, a preocupação que a empresa deve ter ao estruturar um sistema operacional (*data warehouse*) baseado na tecnologia de banco de dados. Esta ferramenta deve ser projetada para que seja utilizada no apoio tanto para as aplicações do negócio (operações do dia-a-dia) como para aplicações sobre o negócio (analisam o negócio em que a empresa está envolvida).

Data marts são tipos especiais de *data warehouse* que contêm dados específicos para uma área ou departamento da empresa. É um subconjunto dos dados empresariais que contém dados úteis apenas para uma unidade de negócio específica ou departamento. Os dados podem ser obtidos diretamente dos sistemas informáticos operacionais ou do *data warehouse* da empresa, e as análises também são orientadas para áreas de interesse apenas daquela unidade ou departamento. Os *data marts* são muito bem aceitos no campo empresarial, pois, por suas características, exigem menos investimento de infraestrutura, produzem resultados mais rapidamente e são escaláveis até um *data warehouse*.

As ferramentas de análise pesquisam grandes volumes de dados, procurando as características interessantes ou padrões que permitam prever o comportamento de clientes ou *prospects* em relação a certos eventos. (BRETZKE, 2000, p. 183).

Os chamados softwares de *data mining* (mineração de dados) devem ter como única fonte de dados o *data warehouse* – base de dados históricos integrados que tem como objetivo fornecer uma visão única, orientada a assuntos, dos dados da empresa. (BRETZKE, 2000, p. 191).

O *data mining* pode identificar tendências, anomalias e a relação das características de um cliente específico com os outros clientes que compõem um determinado universo, entre outros.

Segundo Kotler (2000, p. 130), com a utilização do *data mining*, pode-se garimpar cuidadosamente os dados contidos nos bancos de dados beneficiando-se de várias maneiras:

- Saber quais clientes podem estar prontos para uma oferta de melhoria de produto ou serviço.

- Saber quais clientes podem comprar outros produtos ou serviços da empresa.
- Saber quais os clientes têm o maior valor ao longo do tempo e dar--lhes mais atenção e vantagens.
- Saber quais os clientes têm maior probabilidade de serem perdidos e agir preventivamente para evitar que isso ocorra.

As ferramentas de *data mining* podem trabalhar em cima de qualquer grupamento estruturado de dados, não precisando necessariamente ser um banco de dados formal. Isto elimina a obrigatoriedade de aplicar essas ferramentas em *data warehouses*. Deve-se, porém, ressaltar que, se queremos ter maior êxito na busca de relacionamentos nesses dados ou ainda transformá-los em base para tomada de decisão, o mais indicado é ter essas ferramentas "trabalhando dentro" de dados bem organizados e abrangentes, que é um dos objetivos ao criarmos *data warehouses* ou *data marts*.

As três grandes áreas de uso de um *data mining*, de modo simplificado, são:

- *Cross-selling* – Identificar associação entre produtos, procurando tirar proveito dessas associações. "Descobriu-se em uma determinada cadeia de lojas que ao comprar um brinquedo, geralmente era levado barras de chocolate".
- *Up-selling* – Identificar entre os clientes atuais aqueles que têm potencial para adquirir produtos que proporcionem maior lucro para a companhia. "Através da definição de um perfil de usuário, que compra um produto, podemos determinar que outros usuários, de mesmo perfil e, que ainda não tem este produto, venham a comprá-lo".
- *Fidelização* – Combinar e descobrir fatores que causem a perda de clientes, e como forma de economia, manter estes clientes, o que é mais barato que conquistar novos. (WIKIPEDIA, 2007)

Pelo uso dessas ferramentas, que em geral são de altíssima complexidade, é possível criar modelos que identificam quais clientes realmente trazem lucros para a empresa, quais são os que tendem a deixar de ser nossos clientes e qual o canal preferido para a abordagem.

3.4 CRM E SUA VISÃO ESTRATÉGICA

Em resumo, as empresas estão em busca do conhecimento sobre o cliente, na customização de seus produtos e serviços, na captação, retenção e na fidelização para que seus clientes não se tornem *prospects* de outras empresas. Para atingir esses objetivos, é importante mais uma vez reforçar que CRM não é simples, e sua complexidade se baseia em quatro pilares: clientes, produtos, canais de comercialização ou distribuição e tecnologia.

Em primeiro lugar, como visto anteriormente, os clientes são peças--chave do funcionamento da estratégia de CRM, de modo que, para a empresa, é preciso conhecer quem é o cliente, qual seu comportamento, quais clientes são rentáveis, quais clientes são maus pagadores e o mais importante: entender que os clientes não nascem fiéis, devem ser conquistados. Para isso, é preciso criar uma visão única do cliente, de forma que este saiba que, por qualquer contato com a empresa, todos sabem o que está acontecendo ao cliente.

Em relação aos produtos, e ainda é encaixada a categoria de serviços, é preciso entender que se não é óbvio para o cliente, então não é relevante. É preciso desmistificar que adicionar produtos e serviços no mercado simplesmente pela novidade não é relevante se o mesmo não tiver importância para o cliente, que qualidade de produtos e serviços, preços e prazos de entrega não são mais diferenciais, e sim obrigação da empresa para com o cliente.

Pensando em canais de comercialização ou distribuição, a empresa tem de se preocupar com as diversas formas de contato com o cliente: *call center* (telemarketing ativo e receptivo), e-mail, mala direta, *mobile* marketing e redes sociais, nas quais têm de existir uma grande sinergia com os clientes.

Quando o pilar é a tecnologia, a sustentação tem de ser forte e resistente. É preciso mapear nas empresas todos os processos que levam ao relacionamento com o cliente. Sabe-se que não se pode dimensionar a tecnologia apenas com a automatização de *call center*, mas verificar e automatizar todo o processo interno da empresa para que gere um relacionamento efetivo com o cliente. É preciso colocar a infraestrutura necessária e adequada sobre todas as informações pertinentes ao cliente, pois o conhecimento detalhado dos consumidores faz com que a empresa saiba quais são os mais lucrativos e com isto gere ações de retenção para esses clientes. É preciso ter a visão precisa dos processos analíticos de forma que a empresa possa agir oportunamente e entender completamente o comportamento de seus clientes. A arquitetura tecnológica aumenta o suporte à decisão, pois tem como objetivo manter armazenada toda a história dos clientes.

Muito mais do que o aspecto operacional e colaborativo, que na maioria das vezes são processos tangíveis, o CRM analítico é estratégico para empresa, e o mais difícil de ser atingido, pois é intangível compreender quanto vale um cliente.

Nesse contexto, as soluções analíticas de CRM ganham importância estratégica nas empresas, pois dão apoio à decisão e ao direcionamento para as ações de marketing de relacionamento.

O relacionamento com os clientes deve ser de tal forma que o mesmo tenha a empresa como melhor fornecedor e assim espera-se a fidelidade dos clientes e consequentemente um aumento da preferência na marca da empresa.

3.5 REFERÊNCIAS

BROWN, Stanley A., *CRM (Custumer Relationship Marketing) – Uma Ferramenta Estratégica para o Mundo e-Business,* São Paulo, Makron Books, 2001.

BRETZKE, Miriam, *Marketing de relacionamento e competição em tempo real com CRM (Customer Relationship Management),* São Paulo, Atlas, 2000.

GORDON, Ian, *Marketing de relacionamento: estratégias, técnicas e tecnologias para conquistar e mantê-los para sempre,* São Paulo, Futura, 1998.

HUGHES, Arthur M., *Database marketing estratégico,* São Paulo, Makron Books, 1998.

INMON, W.H., *Gerenciando o Data Warehouse,* São Paulo, Makron Books, 1999.

KOTLER, Philip, *Administração de marketing: a edição do novo milênio,* São Paulo, *Prentice Hall,* 2000.

NEWELL, Frederick, *Fidelidade.com,* São Paulo, Makron Books, 2000.

PEPPERS, Don e ROGERS, Martha, *CRM Séries Marketing 1 a 1: Um guia executivo para entender e implantar estratégias de Customer Relationship Management,* São Paulo, Pepper and Roger Group Brasil, 2000.

STONE, Merlin, *CRM- Marketing de relacionamento com os clientes,* São Paulo, Futura, 2001.

WIKIPEDIA. *Business Intelligence.* Disponível em: <https://pt.wikipedia.org/wiki/Intelig%C3%AAncia_empresarial>. Acesso em: 18 maio 2007.

ZENONE, Luiz Cláudio (org.), *Customer Relationship Management: Mudando a Estratégia sem comprometer o negócio,* São Paulo, Atlas, 2001.

Capítulo 4
O Processo de Atendimento ao Mercado

A complexidade das atividades empresariais obriga as empresas a buscarem rapidamente o conhecimento do mercado. Isto poderá ajudá-las a obter uma fonte permanente de vantagens competitivas baseadas não apenas nos recursos financeiros ou físicos, mas nos recursos intelectuais e sua interface com a Tecnologia da Informação.

Trabalhar produtos, serviços e ideias, ou estratégias comerciais, posicioná-los ou reposicioná-los, ou seja, elaborar estratégias baseadas em diferenciais competitivos, que possam ser claramente percebidos e valorizados pelo público-alvo que elegeu e possam se antecipar às mudanças, cada dia mais fortes e frequentes, que vivemos, requer organizações flexíveis e ágeis com colaboradores que tenham conhecimento e poder para tomar decisões independente de seus níveis hierárquicos na organização. Se queremos criar produtos, serviços, ideias ou estratégias comerciais que sobrevivam nos próximos anos, temos de adequá-los ao presente e às tendências cuja força vá levá-los ao futuro.

Desse modo, o conhecimento organizacional está emergindo como um recurso crítico que pode restringir negócios futuros da organização.

O problema é que, para obter conhecimento, as empresas necessitam de informação, que é a matéria-prima do conhecimento, e essa não se encontra espalhada apenas na organização, mas também por todo o "ambiente de negócios" como fornecedores, formadores de opinião e intermediários, entre outros parceiros.

Por isso é importante manter o Processo de Relacionamento com o Mercado (PRM), o qual requer o envolvimento de toda a empresa, desde a produção até a área financeira, incluindo os parceiros de negócios, ou seja, deve haver permanente interação entre as atividades organizacionais da empresa e o mercado, daí a importância da Tecnologia da Informação. Como podemos perceber, a TI e o marketing de relacionamento se unem para formar uma estratégia vencedora.

O computador, aliado à Tecnologia da Informação e às pessoas, é potencialmente o recurso-chave para os desafios organizacionais em relação à busca das empresas pelo conhecimento do mercado. Cada vez mais o papel da Tecnologia da Informação se torna emergente no suporte a soluções de problemas complexos transformando o conhecimento em um valor agregado ao mercado. No entanto, observamos que a Tecnologia da Informação normalmente não é aplicada aos processos operacionais.

Podemos verificar os principais desafios da gestão de negócios, para que as empresas possam atuar com o foco no mercado:

- Atuar a partir de processos organizados em função da característica de cada mercado.
- Integrar as várias formas de comercializar os produtos, serviços e ideias, incluindo a otimização dos processos.
- Usar os meios físicos, eletrônicos e digitais em sua máxima potencialidade.
- Integrar as ferramentas tecnológicas como o CRM (*Customer Relationship Management*), ERP (*Enterprise Resource Plannning*), SCM (*Supply Chain Management*) e sistemas legados, ou seja, conectando o *front office/ back office*.
- Criar um sistema de inteligência de mercado (pesquisas, banco de dados e sistemas gerenciais) a partir do acesso à informação por meio de fontes diferentes.
- Descobrir ações mercadológicas que sejam fáceis de customizar[13] e que permitam inovações comstantes.

Para transformar esses desafios em realidade, é importante destacar que todas essas atividades devem estar aliadas a um objetivo maior que é agregar valor ao relacionamento e para isso as organizações devem colocar o conhecimento em prática.

---

[13] Customizar é o processo de desenvolvimento de produtos e/ou serviços adequados às necessidades individuais dos clientes.

A gestão organizacional, após o Processo de Relacionamento com o Mercado (PRM), parte para um novo desafio; o Processo de Atendimento ao Mercado (PAM) também não é uma atividade simples e, portanto, necessita de bem mais do que a incorporação do conceito de CRM pela organização. A interface entre o CRM e a gestão interna é fundamental para transformar informações em ações organizacionais focadas no mercado, ou seja, ela permite que a empresa planeje, organize e controle dinamicamente as suas estratégias organizacionais.

Para isso, a aplicação de ferramentas como ERP e SCM se tornam fundamentais nesse processo, pois permite que a organização desenvolva um planejamento de forma integrada com a utilização da Tecnologia da Informação. Os principais benefícios de uma gestão organizacional baseada no planejamento dinâmico são:

- Faz o processo de tomada de decisão ser mais rápido.
- Estabelece ações integradas entre as várias áreas de negócio da empresa.
- Reduz custos de processos e trabalho.
- Motiva o comportamento da empresa com o foco no mercado.
- Possibilita auditoria das atividades organizacionais, além de uma melhor análise e controle de custos.

Neste capítulo, serão apresentadas as atividades referentes ao processo de atendimento ao mercado (PAM), a partir da apresentação dos conceitos de ERP e SCM, com base em uma visão gerencial.

4.1 O CONCEITO DE ERP (*ENTERPRISE RESOURCE PLANNING*)

A sigla ERP, traduzida literalmente, significa algo como "Planejamento dos Recursos da Empresa", o que pode não refletir o que um sistema ERP se propõe a fazer. Esses sistemas, também chamados no Brasil de Sistemas Integrados de Gestão Empresarial, não atuam somente no planejamento; o objetivo é controlar e fornece suporte a todos os processos operacionais, produtivos, administrativos e comerciais da empresa. Todas as transações realizadas pela empresa devem ser registradas, para que as consultas extraídas do sistema possam refletir o máximo possível de sua realidade operacional (DAVENPORT, 2002).

Conforme Monteiro (2000), podemos definir os sistemas ERP (*Enterprise Resource Planning*) como um sistema de gestão empresarial constituído por um banco de dados, um aplicativo integrado e uma interface completa para os usuários da empresa, de modo que o sistema obedece a todas as regras de manufatura, distribuição, finanças e vendas. Esse sistema disponibiliza as informações contidas nos sistemas ERP por meio de funções que assistirão os empregados e os gerentes a planejar, organizar, monitorar e controlar os negócios da empresa.

Segundo Lozinsky (1996), dentre os fatores estratégicos para analisarmos a implantação de um sistema integrado de gestão temos: a valorização dos recursos humanos como principal sustentáculo das empresas, a democratização do acesso à informação, a pressão sobre os custos e as margens e tantos outros.

A resposta está em saber fazer uso do conhecimento nas atividades da empresa. Isso passa pelo acesso e pela gestão da informação e também pelo aprendizado das pessoas que atuam na empresa.

Os sistemas ERP são compostos por uma base de dados única e por módulos que suportam diversas atividades das empresas. Os dados utilizados por um módulo são armazenados na base de dados central para serem manipulados por outros módulos, eliminando redundâncias e inconsistências nas informações.

Conforme mostra a Figura 4.1, o ERP integra módulos que antes operavam isoladamente, ficando mais fácil parametrizar e alterar dados no sistema, além de democratizar e agilizar o processo da informação.

Figura 4.1 – Funcionalidade do sistema ERP.

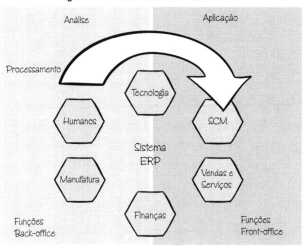

Mais do que simplesmente um software de informações, o ERP necessita de um redesenho de processos antes de ser implantado. Como esses sistemas têm por objetivo ser um espelho da atividade da empresa, suportando em sua base de dados todas as informações operacionais (Figura 4.2) da mesma, é necessário que seja feito, quase sempre, um estudo e adequação dos processos que serão suportados pelo novo software, pois processos mal definidos, com duplicidade de funções ou outros problemas não corrigidos, somente terão estes problemas amplificados após a implantação de um ERP.

Figura 4.2 – Base central de dados acessada por todas as áreas.

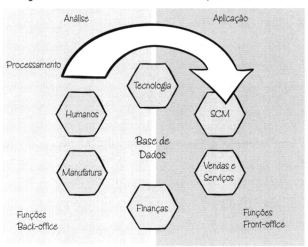

Os sistemas ERP são um diferencial competitivo, na medida em que agilizam o fluxo de informação e eliminam trabalhos redundantes, aumentando a eficiência da empresa. Neste capítulo, faremos um levantamento genérico de sistemas ERP, desde o histórico de surgimento, características, mercado de atuação, fatores críticos de sucesso até as suas relações com o CRM.

É importante ressaltar que os sistemas ERP são ferramentas gerenciais que, com certeza, não são suficientes e capazes de conquistar, por si só, novos clientes ou ampliar mercados, portanto, é fundamental sua interface com outros processos e ferramentas como a do CRM (Figura 4.3).

Figura 4.3 – Visão integrada do CRM com os sistemas de gestão empresarial ERP.

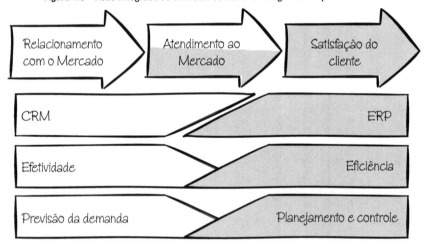

4.1.1 UM POUCO DE HISTÓRIA SOBRE O ERP

As empresas vêm procurando otimizar seus processos ao longo da história, reduzindo custos e criando sistemas de informação que possibilitam planejar e controlar suas ações. Nas últimas décadas, para atingir esses objetivos, as empresas têm buscado a integração e a interação entre todas as atividades organizacionais.

O foco dos sistemas de manufatura na década de 1960 era o controle de estoque. Muitos dos pacotes de software então (geralmente customizados) eram projetados para lidar com o estoque baseado nos conceitos tradicionais.

4. O PROCESSO DE ATENDIMENTO AO MERCADO

Na década de 1970, as empresas tinham uma grande preocupação com o processo produtivo (produção) e com os estoques, tanto de matéria-prima como o de produtos acabados. Foi nessa década que surgiu no mercado o primeiro sistema de gestão destinado a controlar os estoques e a dar apoio às atividades de planejamento de produção e compras, calculando as necessidades, tanto em tempo quanto em quantidade, dos diversos materiais que compõem o processo produtivo de um determinado produto chamado de MRP (em português, Planejamento das Necessidades de Materiais).

No entanto, esse sistema tinha suas limitações, uma vez que não possibilitavam o intercâmbio de informações com outros sistemas da empresa (área financeira, vendas, marketing etc.) e não davam suporte a planejamento de capacidade e de custo.

Com o aprimoramento desse sistema, aos poucos, as limitações que o MRP apresentava foram sendo corrigidas e, em sua nova versão, denominada de MRPII, já foi possível incorporar as necessidades dos demais recursos de produção.

Com o MRPII, além de executar as funções da versão anterior, ou seja, planejamento de produção e estoques, o sistema dava suporte ao planejamento de capacidade de produção e, também, ao acompanhamento dos eventos financeiros, como orçamentos e acompanhamento dos custos de produção.

Mesmo com essa evolução em relação ao sistema anterior (MRP), a versão MRPII ainda não possibilitava a integração com as outras áreas organizacionais, limitando-se a ser um sistema específico para a área industrial.

Em meados da década de 90, entretanto, surgiram no mercado os primeiros sistemas denominados de ERP (conhecido no Brasil por Sistema Integrado de Gestão).

A ideia desses sistemas de gestão organizacional integrada é oferecer informações mais precisas, baseadas em um banco de dados único, integrado e sem as redundâncias e inconsistências encontradas nas aplicações anteriores. Por exemplo: uma ordem de compra gera informações para a área financeira, estoque e todas as outras áreas afetadas. Desta forma, a partir do ERP, todas as áreas organizacionais têm acesso aos mesmos dados, e essas informações geram ações em tempo real. O resultado é uma empresa mais ágil, um pouco mais flexível e competitiva, com reduções de prazos de entrega e estoques.

Diferentemente dos sistemas MRP e MRPII, o ERP ampliou a possibilidade do planejamento e controle para todas as outras atividades empre-

4.1.2 PRINCIPAIS CONCEITOS DOS SISTEMAS ERP

Conhecer os principais conceitos relacionados às características dos sistemas ERP é importante para a melhor compreensão dos processos de decisão, seleção, implementação e utilização de sistemas ERP. Esses conceitos são:

- Funcionalidade – Conteúdo do ERP é a função básica desempenhada pelo produto. Souza e Zwicker (1999) definem funcionalidade como "o conjunto de funções embutidas em um sistema ERP, suas características e suas diferentes possibilidades de uso. A composição destas funções forma o sistema de informações transacional que dá suporte aos processos de negócio. Mais genericamente o termo funcionalidade é utilizado para representar o conjunto total de diferentes situações que podem ser contempladas e diferentes processos que podem ser executados no sistema". A funcionalidade é um dos conceitos para a avaliação da qualidade do produto. A implementação de um sistema ERP significa a substituição de alguns sistemas e processos correntes na empresa e a adaptação de certos procedimentos e controle de acordo com as novas funcionalidades que estarão disponíveis.
- Divisão em módulos – São os menores conjuntos de funções que podem ser adquiridos e implementados separadamente em um sistema ERP. Normalmente tais conjuntos de funções correspondem a divisões departamentais de empresas (vendas, finanças, produção etc.). Os sistemas ERP são divididos em módulos para simplificar a implementação, facilitar a compreensão de funcionamento e permitir a divisão de responsabilidades entre os usuários. Embora os módulos normalmente sigam a divisão departamental das empresas, desenvolvimentos posteriores, tais como módulos de atendimento ao cliente e gerenciamento da cadeia de suprimentos, parecem estar incorporando o conceito da divisão da empresa em processos. É de uso comum a denominação "pacote" para os sistemas ERP, deixando subentendido o conjunto de módulos.
- Melhores práticas (*best practices*) – Todo sistema ERP existente no mercado nasceu da experiência de um grupo de pessoas em um ramo

de negócio específico. Essas pessoas criaram modelos de processos de negócios que poderiam atender adequadamente certos segmentos empresariais, e foram ampliando a área de atuação de seu produto à medida que questões práticas foram surgindo e sendo incorporadas pelas empresas produtoras de sistemas ERP. O mercado convencionou denominar *best practice* o melhor modelo de executar uma função ou processo de negócio.

- Customização – É a adaptação do sistema, por meio de modificações, às necessidades específicas da empresa sem "ferir" a estrutura do software, ou seja, são alterações no produto para que os requisitos do negócio possam ser mais bem atendidos. A identificação e análise das customizações são muito importantes no processo de implementação ERP. É necessário diferenciar aquelas customizações que são mandatárias e que, portanto, devem ser introduzidas nos sistemas durante o projeto e antes da "conversão" do novo sistema, daquelas que são apenas desejáveis, ou pior, não procedentes, e apenas surgiram porque os usuários ainda não perceberam totalmente o alcance do software ou estão presos a paradigmas antigos que não permitem "enxergar", por exemplo, que aquela conciliação que o diretor sempre exigiu e que parecia fundamental para a sobrevivência da empresa não faz mais sentido no novo ambiente de processamento proporcionado por um sistema integrado.

Portanto, o ERP é um termo genérico para o conjunto de atividades executadas por um software multimodular com o objetivo de auxiliar uma organização ou o seu gestor nas importantes fases de seu negócio, incluindo desenvolvimento de produto ou serviços, compra de itens, manutenção de inventários, interação com fornecedores, serviços a clientes e acompanhamento de ordens de produção etc. O ERP pode também incluir módulos aplicativos para os aspectos financeiros e até mesmo na gestão de recursos humanos. Tipicamente, um sistema ERP usa ou está integrado a uma base de dados relacional (banco de dados multirrelacional). A implantação de um sistema ERP pode envolver considerável análise dos processos da empresa, treinamento dos colaboradores, investimentos em informática (equipamentos) e reformulação nos métodos de trabalho. Como vimos anteriormente, o ERP tem suas raízes no MRP, trata-se de um processo evolutivo natural proveniente da maneira com a qual a empresa enxerga seu negócio e interage no mercado. Como a tecnologia é algo que de um momento ao outro surgem novas propostas, o que foi apresentado aqui é apenas para possibilitar uma referência básica.

4.1.3 OBJETIVOS ESTRATÉGICOS DO ERP E BENEFÍCIOS QUANTO À SUA UTILIZAÇÃO

De maneira geral, podemos citar alguns dos objetivos perseguidos pelo mercado em suas decisões de implementar sistemas ERP:

- Diminuir drasticamente o tamanho e o custo da área de informática de empresa.
- Descentralizar o processamento das informações, tomando o dado disponível em tempo real onde ele é necessário, sem que o usuário dependa de "rodadas noturnas" ou solicitações ao CPD (Centro de Processamento de Dados), como acontece em algumas empresas que ainda não contam com sistemas integrados.
- Prover as ferramentas de tecnologia que permitirão simplificar substancialmente os processos das funções contábeis, financeiras, fiscais, administrativas de forma geral, e de geração de relatórios gerenciais, de modo a diminuir os custos da estrutura necessária para manter os processos de controle e de gestão do negócio.
- Criar base para que o faturamento da empresa possa crescer com um correspondente aumento de custos internos proporcionalmente inferiores à relação atual.
- Atingir um maior equilíbrio entre descentralização e controle para, ao mesmo tempo em que abastece as pontas (vendas, compras e assistência técnica) de melhores recursos para o exercício de suas funções, evitar duplicidade, assegurar sinergias e administrar os indicadores que permitem avaliar o real desempenho do negócio no mercado.
- Atender exigências de seus principais clientes para diminuir custos de produtos e serviços e estar permanentemente conectado para troca de informações e pedidos.
- Ser pioneiro na utilização de novas tecnologias, ou aplicar tecnologia similar àquela que seus principais concorrentes já estão utilizando.

Davenport (2002) cita a integração da informação por meio de toda a empresa, a padronização de procedimentos e a eliminação de inconsistências entre diversos sistemas. Segundo o autor, "a fim de se compreender a atração dos sistemas empresariais, é necessário primeiro entender qual

4. O PROCESSO DE ATENDIMENTO AO MERCADO

problema eles se destinam a resolver: a fragmentação da informação em grandes empresas". Por meio da utilização de um único sistema integrado, é possível, para as grandes organizações, reduzir custos de manutenção de inúmeros sistemas dispersos e obsoletos e eliminar custos de transferência das informações de um sistema para o outro. No entanto, os principais ganhos, segundo o autor, são obtidos a partir da redução dos custos indiretos, relacionados à falta de coordenação entre as diversas atividades da empresa, tais como vendas, produção e suprimentos. A falta de coordenação pode, entre outras coisas, acarretar problemas na resposta às necessidades dos clientes e envolver a utilização de relatórios inconsistentes. Davenport (2002) complementa afirmando que

> um sistema empresarial torna mais eficiente o fluxo das informações de uma empresa e disponibiliza à direção acesso direto a uma ampla gama de informações operacionais em tempo real. Em muitas empresas estes benefícios transformam-se em ganhos dramáticos de produtividade e velocidade.

Para que o todo funcione, os objetivos das unidades menores devem ser compatíveis com os objetivos globais da empresa. Uma arma eficiente para ajudar a fazer com que os objetivos da empresa se sobreponham aos interesses departamentais é a implantação de um sistema ERP. Este contribui para a competitividade da empresa no mercado e não a competitividade do departamento dentro da empresa, porque esta última não agrega valor para o cliente e, portanto, não traz receita nem paga salários.

Entre os benefícios para o mercado, os Sistemas Gerenciais (ERP) garantem um serviço mais adequado a partir da visão e entendimento das necessidades do público-alvo, garantindo assim um melhor relacionamento entre a empresa e o mercado. Entre as principais preocupações de um gestor de negócios, o ERP contribui para responder as seguintes questões:

- Como podemos entregar mais rápido os nossos produtos (logística)?
- Como podemos ter preços melhores que os dos nossos concorrentes?
- Como diminuímos as reclamações e o re-trabalho?
- Como podemos desenvolver e produzir produtos ou serviços mais rápidos?

A partir das respostas a essas questões, a organização pode planejar adequadamente as ações estratégicas necessárias.

4.2 OTIMIZAÇÃO DA LOGÍSTICA E A GESTÃO DA CADEIA DE SUPRIMENTOS (SCM)

O conceito de gestão organizacional com foco no mercado tratado neste livro é baseado no princípio de que a vantagem competitiva é alcançada não apenas por meio das estratégias tradicionais de marketing e incorporação das informações internas da empresa, mas também por uma série de processos interligados a partir de uma visão estratégica que incorpora todo o ambiente de negócios.

Um elemento fundamental dessa cadeia é a maneira como as informações são compartilhadas com todos os que compõem a "aura de negócios" e como transformam em um valor maior para o cliente.

Lembrando que o Processo de Atendimento ao Mercado (PAM) é mais um mecanismo fundamental pelo qual o valor é criado e que abrange: desenvolvimento de novos produtos ou serviços, atendimento de pedidos, administração de fornecedores e relacionamento com parceiros e clientes.

Quando se trata da integração de processos, é necessário incorporar bem mais que os departamentos internos, ou seja, requer integrar desde nossos fornecedores até o final da cadeia de distribuição e locais de comercialização (ponto-de-venda) que estão à frente com os clientes (Fig. 4.4). Nesse momento, vamos tratar da integração da cadeia de abastecimento que requer a cooperação e a parceria – pré-requisitos essenciais para a obtenção de benefícios mútuos em longo prazo.

Figura 4.4 – Integração de toda a cadeia de distribuição.

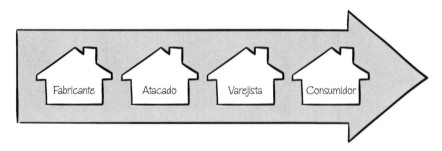

O Gerenciamento da Cadeia de Suprimentos, também chamado de SCM (*Supply Chain Management*), é o nome do recurso que permite a interação da organização com as demais empresas envolvidas no processo produtivo e de comercialização a fim de que possam funcionar como um todo de forma otimizada. Todos os principais sistemas de ERP existentes

4. O PROCESSO DE ATENDIMENTO AO MERCADO

no mercado já incorporam funcionalidades de SCM, apresentando a ideia de que, após a integração dos processos internos, surge a necessidade de integrar toda a cadeia em um processo logístico único.

A concepção de agrupar atividades relacionadas ao fluxo de produtos e serviços para administrá-las de forma coletiva foi uma evolução do pensamento administrativo e levou ao conceito de Gestão Logística. A Gestão da Cadeia de Suprimentos (SCM) é, portanto, uma evolução da logística, a qual, por ser o princípio, merece ter sua visão histórica apresentada.

4.2.1 UM POUCO DE HISTÓRIA SOBRE A EVOLUÇÃO DA LOGÍSTICA E A EVOLUÇÃO PARA O SCM

A partir do final da Segunda Guerra Mundial, os conceitos de logística começaram a migrar para o mundo empresarial e, com o desenvolvimento da Tecnologia da Informação e das comunicações, a logística passou por vários estágios de evolução.

O desenvolvimento histórico da logística pode ser dividido em três períodos de características diferentes: antes de 1950, 1950 a 1980, e posterior à 1980.

- Período anterior a 1950 – Do ponto de vista empresarial, não houve grandes avanços em logística, uma vez que as empresas fragmentavam a administração dos componentes-chave do que se denomina função logística e faltava uma filosofia dominante para guiar qualquer esforço nessa direção. O desenrolar da guerra permitiu o desenvolvimento do transporte "conteinerizado" a partir da concepção do próprio contêiner, assim como a otimização dos transportes ferroviário, marítimo e aéreo. As empresas não aproveitaram a experiência acumulada e as técnicas desenvolvidas na guerra até alguns anos depois.
- Período de 1950 a 1980 – Com o desenvolvimento do marketing, as décadas de 1950 e de 1960 representam o período de decolagem da logística. Ainda na década de 1950, foi realizado um estudo para determinar o papel do transporte aéreo na distribuição física, quebrando um antigo paradigma relacionado com o custo elevado dessa modalidade de transporte. Na década de 1960 começaram a aparecer os primeiros livros sobre logística aplicada às atividades empresariais. Ficou claro que a rapidez do transporte aéreo permitia reduzir estoques e,

com isso, o custo da cadeia de suprimentos. Esse conceito passou a ser conhecido como o conceito do custo total, tornando-se um importante argumento para o agrupamento lógico de atividades nas empresas. Alguns fatores que ajudaram nesse período foram a alteração dos padrões e atitudes de demanda dos consumidores, a pressão de custos sobre as indústrias, os avanços na Tecnologia da Informação e a influência da logística militar.

- Período de 1980 a 1990 – É um período de crescimento para a logística. Os fatos de maior impacto na economia mundial desse período foram as duas crises do petróleo, os últimos anos da Guerra do Vietnã, o dramático avanço da Tecnologia da Informação, o desenvolvimento do sistema de transporte multimodal, a formação de blocos econômicos regionais, o crescimento do comércio mundial e o fantástico crescimento dos fluxos financeiros internacionais na década de 1990. As crises do petróleo forçaram as empresas a se preocuparem com os custos e com a produtividade, motivo pelo qual os assuntos relacionados com a logística passaram a ser relevantes para a alta direção. Esse elevado grau de interesse acabou levando à logística integrada, coisa que não tinha acontecido nas décadas anteriores, quando o tema dominante era a distribuição física.

Como um interesse similar foi desenvolvido do lado de compras, essa função começou a ser entendida dentro do contexto maior da administração de materiais. A integração da distribuição física e da administração de materiais em uma única função aconteceu no final dos anos de 1980 e princípio dos anos de 1990.

- Período 1990 a até a atualidade – A incorporação dos avanços da Tecnologia da Informação e das telecomunicações possibilitou, naturalmente, a expansão do conceito tradicional de logística, com a inclusão dos fornecedores e dos clientes, para chegar ao conceito de SCM, ou *Supply Chain Management* – Gestão das Cadeias de Suprimentos[14], que integra todos os processos logísticos (Figura 4.5).

---

[14] Battaglia, Alfred. In: *Managing Logistics in a Perfect Storm*. 1996. p. 5 e 34.

4. O PROCESSO DE ATENDIMENTO AO MERCADO

Figura 4.5 – Da fragmentação à integração dos processos logísticos.

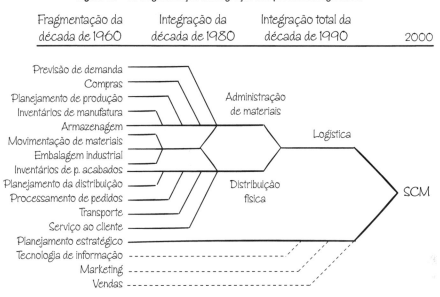

4.2.2 CONCEITO DE LOGÍSTICA

Antes de chegarmos ao conceito de SCM é importante conceituar as atividades relacionadas à logística, que é a base da integração da cadeia de suprimentos.

A palavra logística tem origem no verbo francês *foger*, que significa alojar e que era utilizada para identificar o abastecimento militar de grandes exércitos com todo o necessário para dar batalha na linha do fronte, longe de suas bases e recursos. Embora a batalha pelo cliente nas linhas do fronte dos negócios não seja uma atividade bélica, ela é um teste para a sobrevivência das empresas submetidas a grandes pressões no ambiente competitivo do nosso cenário.

Podemos entender a logística como a gestão dos inventários, seja imobilizada em algum lugar ou movimentando-se entre pontos, ao longo do fluxo de materiais, desde o fornecedor das matérias-primas até o ponto final de consumo (KALAKOTA, 2002). Isso envolve todos os fatores e as condições que afetam as decisões sobre o controle do processo, incluindo funções como movimentação de materiais, controle de inventários, obtenção, transporte e outras (Figura 4.6).

Figura 4.6 – Visão completa da cadeia de suprimentos.

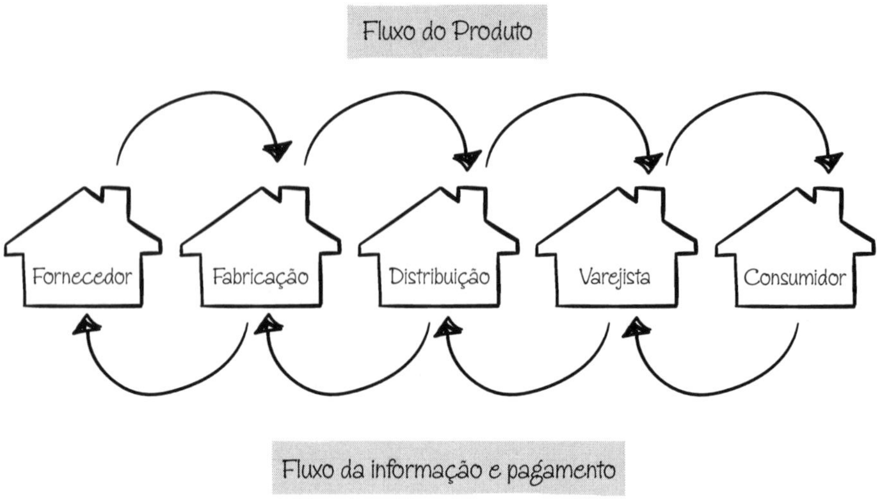

Fluxo do Produto

Fornecedor · Fabricação · Distribuição · Varejista · Consumidor

Fluxo da informação e pagamento

As operações logísticas têm efeito direto sobre dois fatores competitivos chave:

- O preço dos produtos entregues – O custo logístico deve ser acrescentado ao custo do produto, ao lucro e aos impostos para compor o preço de venda do produto entregue ao usuário final.
- A qualidade do serviço – A gestão logística influencia decisivamente a disponibilidade e as condições dos produtos, assim como o tempo de entrega.

Logística é o processo de planejar, implementar e controlar o fluxo e o armazenamento eficiente e eficaz em termos de custo, de bens, serviços e informações relacionadas, desde a origem até o consumidor, com o objetivo de obedecer às exigências do mercado.

Pode-se considerar que, para as empresas que fabricam e/ou distribuem produtos, a logística é o processo-chave dos negócios para entregar serviço aos consumidores. Portanto, as atividades logísticas são vitais para a economia e para a empresa, sendo ainda um fator fundamental para incrementar o comércio regional e internacional. Sistemas logísticos eficientes e eficazes, ao permitir a redução do custo final dos produtos, significam um melhor padrão de vida para toda a sociedade.

4.2.3 *SUPPLY CHAIN MANAGEMENT* (SCM)

O SCM, ou Gestão das Cadeias de Suprimentos, cobre a administração dos fluxos físicos e de informação, desde a origem até o seu destino final, ao longo de uma rede de graus variáveis de complexidade.

Figura 4.7 – Visão simplificada do SCM.

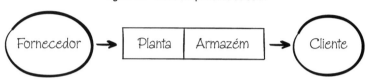

Assim, ela pode ser simples ou pode ser complexa como indica a Figura 4.7. Diferentes definições relacionadas com a gestão das cadeias podem ser encontradas na literatura recente, a partir dos anos de 1990. Dentre elas selecionamos as seguintes:

- Cadeias de Suprimentos – Na opinião de alguns especialistas, a SCM seria só um novo nome para a logística. Já outros entendem que em uma definição ampla, a SCM seria a mesma coisa que a administração logística. Talvez uma forma de esclarecer o conceito do que realmente é a administração de uma cadeia de suprimentos seja a de aceitá-la como uma administração que excede os limites da organização. Dentro dessa visão, vejamos algumas definições:
- Cadeia de Suprimentos – Sequência de processos de negócios e de informação que transfere produtos e/ou serviços desde os fornecedores, por meio de diversos estágios de manufatura e distribuição, até os clientes finais. O gráfico da cadeia complexa facilita a compreensão desta descrição.
- Gestão da cadeia de Suprimentos (1) – Administração do fluxo de materiais e informação por meio de uma rede que se estende desde as fontes dos materiais, atravessando diversos estágios de fornecimento, fabricação e distribuição, até os consumidores finais.
- Gestão da Cadeia de Suprimentos (2) – Conjunto de processos e tecnologia que permite a coordenação do fluxo contínuo de materiais, produtos e/ou serviços por meio das cadeias. Seu objetivo é a utilização eficaz e lucrativa dos recursos disponíveis ao longo da rede. Nela, pode-se identificar um sistema de processamento de transações (SCT), um de planejamento (SCP) e outro de execução (SCE).

- Gestão da Cadeia de Suprimentos (3) – Ocupa-se do planejamento, desenho e controle da informação e dos materiais ao longo das cadeias de suprimentos, com o objetivo de atender às exigências dos consumidores de forma eficaz e oportuna.

Conforme podemos verificar na Figura 4.8, a consolidação das versões (1), (2) e (3) permite compreender como a SCM (nível estratégico) coordena e integra o SCP e o SCE (nível tático), utilizando o SCT (nível operacional)[15].

Figura 4.8 – Visão complexa da Cadeia de Suprimentos.

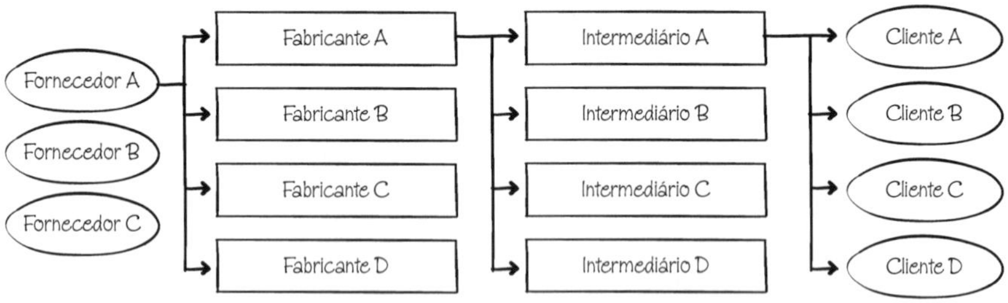

A mesma forma de distribuição se repete para os fornecedores B e C, para os Fabricantes B,C e d e para os intermediários B,C e D o que demonstra a alta competitividade entre os mercados.

Na Figura 4.9, percebemos claramente que, sendo o objetivo final de qualquer organização prestadora de serviços a satisfação do cliente, a decisão do nível de serviço ou de atendimento é uma decisão de longo prazo e vital para os interesses dessa organização. Nas cadeias de suprimentos isso significa que o atendimento prometido aos clientes deve ser realizado, não importa qual estágio da cadeia deva intervir para que isso aconteça.

---

[15] SCM (*Supply Chain Management* – Gestão da Cadeia de Suprimentos), SCP (*Supply Chain Planning* – Planejamento da Cadeia de Suprimentos), SCE (*Supply Chain Execution* – Execução da Cadeia de Suprimentos), SCT (*Suply Chain Transactions* – Sistemas de Processamento de Transações da Cadeia de Suprimentos).

4. O PROCESSO DE ATENDIMENTO AO MERCADO

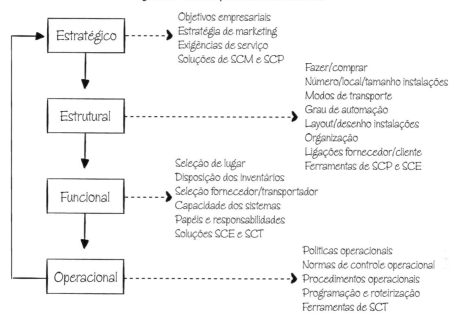

Figura 4.9 – O SCM a partir da visão sistêmica.

Para que essa forma de gerir os negócios seja possível, são necessários um alto grau de integração dos processos, o estabelecimento de parcerias e alianças estratégicas e uma ampla filosofia de colaboração e visibilidade.

As empresas que trabalham dentro do conceito SCM identificam a necessidade de ir além da função logística e focalizam seus objetivos em processos de negócios mais eficientes e eficazes.

Em resumo, a gestão da cadeia de suprimentos integrada é reconhecida como uma estratégia competitiva essencial. Na medida em que as organizações procuram entregar seus produtos e serviços aos clientes mais conveniente, a um custo menor e melhor que os concorrentes, os gerentes têm percebido que não podem fazer isso sozinhos; devem trabalhar de forma cooperativa e coordenada com as melhores empresas na sua cadeia de suprimentos para serem bem-sucedidos.

4.3 AS ATIVIDADES GERENCIAIS E O PROCESSO DE ATENDIMENTO AO MERCADO

Não poderíamos encerrar o capítulo sem antes referenciar uma "peça" fundamental no processo de transformação de dados em valor agregado ao mercado – as pessoas (Figura 4.10). É claro que, quando usamos o termo "pessoas", estamos denominando também as atividades gerenciais que devem ser desenvolvidas para maximizar a capacidade desses processos e o uso da tecnologia, possibilitando que as organizações tenham um resultado diferente.

Figura 4.10 – Tecnologia, processos e pessoas.

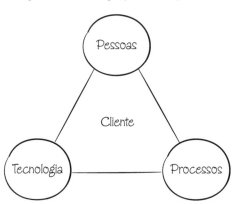

Durante o desenvolvimento do conceito relacionado ao Processo de Atendimento ao Mercado, vimos a importância de alinhar a tecnologia ao processo organizacional com a utilização das "ferramentas" denominadas CRM, ERP e SCM; no entanto, é necessário agregar inteligência, e isso vem das pessoas.

Como podemos perceber, toda essa tecnologia e todas essas alterações acabam determinando novos desafios gerenciais. Portanto, a organização que atua com o foco no mercado também terá suas alterações no perfil gerencial.

O que mudou na gestão organizacional em função do uso da tecnologia:
- Maior velocidade de resposta.
- Maior controle do processo em uma via de mão dupla.
- Maior tempo dedicado ao desenvolvimento de estratégias comuns.
- Maior transparência nas negociações, permitida pelo compartilhamento de informações, possibilitando obter ganhos em diversos pontos do processo comercial.

Segundo Wallace (1994), para que uma empresa desenvolva uma estratégia baseada no cliente, é necessário que o processo gerencial realmente trabalhe em função da informação a partir de uma visão sistêmica e buscando obstinadamente agregar valor ao mercado por meio de ações mercadológicas.

Vamos verificar os principais desafios da nova gestão:

- As equipes se tornam a hierarquia – Transformar a organização, anteriormente estruturada de uma forma hierárquica, ou seja, departamentalizada e setorizada, em uma organização ágil, flexível, desenvolvendo suas estratégias a partir da informação.
- Perfil gerencial – Mudar o perfil gerencial, passando de uma visão baseada na tarefa para uma visão sistêmica, tendo como principal desafio ser um gestor de conhecimento.
- Compartilhar as informações com todos – Utilizar os canais de comunicação adequados e disponíveis para assegurar o cumprimento das estratégias ajudando a reduzir a complexidade dos processos.
- Lideranças – Desenvolvimento de lideranças situacionais, ou seja, que se alteram durante as atividades organizacionais orientadas a partir dos processos.
- Criar autonomia estabelecendo limites – Estímulo (e autoestímulo) constante, buscando obstinadamente a inovação a partir das necessidades do mercado e a criatividade.

Para que o processo de atendimento ao mercado seja totalmente estabelecido por meio das ferramentas denominadas gestão empresarial (CRM, ERP e SCM), é preciso encontrar as pessoas certas, motivá-las, treiná-las e colocá-las na posição correta dentro da empresa para que sejam capazes de gerenciar adequadamente o processo.

Existe ainda uma certa miopia das empresas em achar que a tecnologia garantirá a competitividade. Por mais automatizado que o processo esteja, a necessidade de se adequar às estratégias nunca deixará de existir, portanto, o sucesso de uma empresa está relacionado à intensidade com que as atividades gerenciais buscam um benefício mútuo (empresa-mercado), integrando todas a fases do processo (Figura 4.11).

Figura 4.11 – Foco organizacional no mercado.

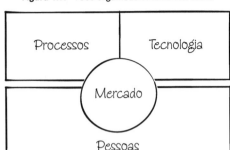

Em resumo, a Tecnologia da Informação influenciará a estrutura das organizações, seus processos e suas atividades gerenciais. Para isso, as pessoas na organização (colaboradores) terão de estar muito mais empenhados em dirigir a tecnologia e aplicá-la corretamente ao negócio.

No capítulo que trata sobre o processo de pós-venda, voltaremos a tratar e destacar a importância das pessoas e do gerenciamento do mercado.

4.4 REFERÊNCIAS

CAMPOS, Fernando C., CAVICHIA, Elisangela e CECHETO, Alessandra S., *O fenômeno SAP*, Anais do 3º CIC, Asser, Categoria Painel, novembro 1998.

CESPEDES, Frank V., *Marketing Integrado: conjugando produto, vendas e serviços para ser mais competitivo*, São Paulo, Futura, 1996.

DAVENPORT, Thomas H., *Missão Crítica – Obtendo Vantagem Competitiva com os Sistemas de Gestão Empresarial*, Porto Alegre, Bookman, 2002.

KALAKOTA, Ravi, *E-business: Estratégias para alcançar o sucesso no mundo digital*, Porto Alegre, Bookman, 2002.

LOZINSKY, Sérgio, *Software: Tecnologia do Negócio*, Rio de Janeiro, Imago, 1996.

MONTEIRO, Edson S., *Metodologia para identificação de funções que adicionem valores aos Sistemas de Gestão Empresarial – ERP's*, 2000, Dissertação de mestrado, Universidade Paulista, UNIP.

MOURA, Luciano R., *Proposição de um modelo de organização baseado no uso da informação como recurso de gestão empresarial*, EPUSP, 1998.

SOUZA, Cesar A. e ZWICKER, Ronaldo, *Aspectos envolvidos na seleção e implementação de sistemas ERP*, São Paulo, Editora FEA, 1999.

STONE, Merlin, *CRM – Marketing de Relacionamento com os Clientes*, São Paulo, Futura, 2001.

Wallace, Thomas F., *Estratégia voltada para o cliente: vencendo através da excelência operacional*, Rio de Janeiro, Campus, 1994.

Capítulo 5
O Processo de Pós-Venda (PPV)

Com a abrangência e as possibilidades criadas pelas novas tecnologias e sua adequação dos processos e pessoas, as organizações vêm buscando também adaptar as estratégias de marketing e vendas visando agregar valor ao relacionamento e, consequentemente, gerar mais resultados e lucro para a organização.

Como podemos verificar na Figura 5.1, quando o cliente identifica no relacionamento um valor adicional àquele oferecido pelo produto ou serviço, ele vai apresentando um grau maior de comprometimento e envolvimento com a empresa, tornando-se praticamente um parceiro do negócio, que é o grande objetivo das empresas na atualidade. Esse desenvolvimento do cliente durante o processo de relacionamento se dá, portanto, pela busca obstinada da empresa em satisfazer suas necessidades/desejos e encantá-lo.

Figura 5.1 – Desenvolvimento do cliente durante o relacionamento.

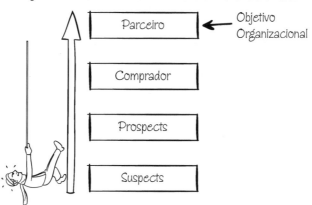

Na fase chamada de Interação com Clientes, no pós-venda, a empresa coloca em prática todas as atividades definidas no desenvolvimento da estratégia de relacionamento. Durante o desenvolvimento do conceito de marketing de relacionamento no Capítulo 2, quando exploramos o tema relacionado ao processo de relacionamento com o mercado, vimos a importância de transformar contatos em negócios por meio de programas de retenção ou fidelização e o desenvolvimento de estratégias de relacionamento. Neste capítulo, aprofundaremos a questão do Serviço de Atendimento ao Cliente e o uso das ferramentas *call center* e internet, as quais possibilitam maximizar a eficiência do contato com o mercado.

5.1 DEFININDO O SERVIÇO DE ATENDIMENTO

Uma das estratégias de competitividade na gestão moderna é, sem dúvida, oferecer um atendimento de qualidade e conquistar a fidelização dos seus clientes. Se o cliente estiver satisfeito com o atendimento, ele será fiel e trará mais clientes, do contrário, procurará outra empresa que o atenda melhor.

Quando tratamos de serviços logo pensamos em bancos, seguradoras, distribuidoras, transportadoras, turismo, negócios imobiliários, empresas do segmento da saúde etc. Mas essa é uma visão muito limitada de serviços. Na verdade, todas as empresas, de alguma maneira, prestam serviços, pois sempre existem os momentos em que a organização atende o cliente (mesmo que de forma indireta). É nesses momentos que, se o atendimento não for bom, a percepção do cliente sobre a qualidade do serviço não será boa.

Segundo Kotler (1995, p. 403), "um serviço é qualquer ato ou desempenho que uma parte pode oferecer a outra e que seja essencialmente intangível e não resulta na propriedade de nada. Sua produção pode ou não estar vinculada a um produto físico."

Grönroos (1995, p. 36), já prefere combinar várias definições que vêm sendo dadas durante os anos, formando a sua dessa maneira:

> O serviço é uma atividade ou uma série de atividades de natureza mais ou menos intangível – que normalmente, mas não necessariamente, acontece durante as interações entre clientes e empregados de serviço e/ou recursos físicos ou bens e/ou sistemas do fornecedor de serviços – que é fornecida como solução ao(os) problema(s) do(s) cliente(s).

Como podemos verificar pelas duas definições apresentadas anteriormente, toda empresa, de uma forma ou de outra, utiliza-se de algum tipo de serviço. Por exemplo, mesmo uma empresa predominantemente industrial, durante a comercialização de seu produto, pode se utilizar de alguns prestadores de serviços (revendedores, distribuidores, varejistas etc.) para oferecer uma maior conveniência ao seu cliente. Além disso, esta empresa necessitará de uma agência de propaganda para executar as ações de comunicação, ou seja, os serviços encontram-se incluídos em todo o processo de comercialização.

Para as atividades de serviço temos os seguintes conceitos de qualidade:

- Qualidade pela adoção de tecnologia de ponta no desenvolvimento das atividades.
- Qualidade no atendimento ao mercado (estratégias de relacionamento com o mercado).

Um enorme desafio para os prestadores de serviço reside no fato de normalmente estas atividades serem percebidas pelo consumidor de forma subjetiva, uma vez que são comumente intangíveis. Existem algumas formas abstratas para dizer o que é um serviço. Geralmente, para descrever os serviços, os clientes utilizam expressões como tradição, credibilidade, simpatia, segurança, confiabilidade etc. Podemos concluir, então, que quanto mais intangível for o serviço prestado, maior será necessidade de a empresa apostar no relacionamento com o cliente.

5.1.1 A ARQUITETURA DO SERVIÇO

Existem três características importantes que fazem parte de todas as empresas excelentes em atendimento. Esses três pontos-chave formam o triângulo do serviço (Figura 5.2):

- Uma visão, ou estratégia do serviço alinhada aos processos.
- Pessoal de linha de frente orientado para o cliente (capacitação pessoal).
- Sistemas voltados para o cliente (tecnologia).

Figura 5.2 – Modelo funcional relacionando processos, tecnologia e pessoas.

O triângulo do serviço é uma maneira de representar graficamente a interação desses três elementos críticos, os quais devem atuar juntos, para que se mantenha um nível mínimo de qualidade do serviço.

- Processos organizacionais orientados para o mercado – A empresa deve desenvolver toda a estratégia de negócios baseada na percepção do que o cliente necessita, qual o nível de atendimento desejado e qual o valor que o cliente dá para este serviço. Para que isso aconteça, no primeiro momento, a empresa deve ter uma cultura organizacional que permita a todos os envolvidos assimilarem a forma de conduzir os negócios orientados para o cliente. O segundo ponto importante é a análise do fluxo de informações, ou seja, verificar se as informações para o desenvolvimento das estratégias estão vindo realmente do mercado ou as decisões são tomadas pela alta direção e direcionadas ao mercado. Uma empresa deve se orientar para o mercado de fato. Por isso, é fundamental que o fluxo de informações e a cultura da empresa façam parte da análise da estratégia de serviços.
- Pessoas capacitadas para a qualidade dos serviços esperados pelo mercado – As pessoas, ou seja, os colaboradores devem cumprir duas funções importantes que são entender e atender o mercado. No que diz respeito à função de entender o mercado, as pessoas devem estar preparadas para identificar as reais necessidades do cliente captando informações importantes para a análise do perfil do mesmo e estando atento a qualquer sinal de insatisfação com o serviço apresentado. Em relação à função de atender o mercado, esta começa logo após a etapa citada, transformando as informações captadas em ações organizacionais que possam agregar valor ao cliente e atingir o estágio de plena satisfação.

- Tecnologia aplicada ao relacionamento com o cliente – Para completar a estratégia de serviços, é importante que a empresa tenha um conjunto de tecnologia que permita à empresa interagir de forma mais rápida com o mercado e possibilite uma maior visibilidade das ações por todos os envolvidos no processo.

5.2 O MARKETING DO PÓS-VENDA

A estratégia de marketing de pós-venda ou retenção de cliente é muito diferente da estratégia de conquistar novos clientes. Portanto, as empresas devem se preocupar com as duas estratégias. A estratégia de retenção de clientes é chamada de marketing de relacionamento (Quadro 5.1).

Quadro 5.1 – Cultura de conquista *versus* cultura de relacionamento.

Cultura de marketing de conquista	Cultura de marketing de relacionamento
Foco na obtenção de novos clientes.	Foco na manutenção de clientes atuais.
Foco na comunicação com o consumidor (propaganda). As relações com outros públicos são atribuições dos setores comerciais.	Foco na comunicação com cada público e cada cliente individualmente. Comunicação dirigida é atribuição do marketing.

Manter clientes exige o estabelecimento de um relacionamento com eles, e esse relacionamento une dois pontos de vistas diferentes: do cliente e do vendedor.

A partir da perspectiva do cliente, é mais provável que uma compra seja vista como o começo de um relacionamento. O cliente sente o desejo ou necessidade de um relacionamento mais duradouro com a organização. No entanto, um relacionamento desse tipo muitas vezes vai contra o pensamento da organização, que está orientada para vendas agressivas e que pode considerar o desfecho da venda o ápice do relacionamento com o cliente, relaxando após a concretização da venda, contrariando a expectativa do cliente, que espera um pouco mais de atenção na fase pós-venda.

As empresas devem mudar a mentalidade de "completar uma venda" para a de "iniciar um relacionamento", de "fechar um negócio" para "construir lealdade". Entretanto, na maioria das empresas, no planejamento de marketing, geralmente é dedicada maior atenção para a conquista – ganhar novos clientes para determinada marca, produto ou serviço. É muito difícil encontrar uma empresa preocupada em maximizar a satisfação dos clientes, para que eles sejam fiéis. Portanto, o espírito das atividades de pós-marketing ou marketing de relacionamento é sempre estar atento às opiniões dos clientes atuais.

No conceito de pós-marketing, os 4Ps tradicionais do marketing (produto, preço, praça e promoção) são acompanhados de outros elementos também muito importantes. Os novos elementos podem ser os seguintes:

- Comunicação com o cliente – Programas de comunicação pós-venda (revistas próprias, eventos etc.), código 0800 (discagem direta gratuita) e serviço de atendimento de reclamações e de cumprimentos aos clientes. Também inclui os meios digitais como sites, blogs e até mesmo as redes sociais. Não se pode esquecer atualmente dos celulares, sobretudo os smartphones que além de sua função básica de telefonia contêm aplicativos que permitem a comunicação com o mercado.
- Satisfação dos clientes – Monitoramento das expectativas do cliente e a satisfação com os produtos ou serviços disponíveis e com o sistema de entrega.
- Serviços – Serviço pré-venda, serviço pós-venda e atividades de conveniência do consumidor.

5.3 DO SAC AO *CALL CENTER*

Não podemos deixar de tratar dos SACs (Serviços de Atendimento ao Consumidor), ferramenta importantíssima nas atividades de pós-venda e de construção de relacionamentos.

O Serviço de Atendimento ao Consumidor de uma empresa é mais do que uma linha 0800 de DDG (Discagem Direta Gratuita), que é implantado apenas para atender opiniões, sugestões e reclamações dos consumidores a respeito de determinado produto ou serviço.

O SAC evoluiu (Figura 5.3), assumindo várias funções que antes eram descentralizadas em diversos departamentos, passando a gerenciar um grande número de informações de mercado em tempo real, oferecendo mais serviços de valor agregado ao cliente e também dando suporte às áreas internas da empresa.

Figura 5.3 – A evolução do Serviço de Atendimento ao Cliente.

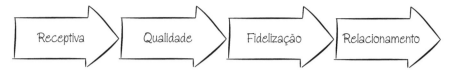

As centrais de atendimento começaram a surgir com a legislação do Código de Defesa do Consumidor – CDC – Lei 8.078 de 11 de setembro de 1990, que reza Código de Proteção e Defesa do Consumidor (CDC).

O Código de Defesa do Consumidor define uma nova ordem de proteção dos direitos sociais, ao reforçar a questão da cidadania e reconhecer a vulnerabilidade do consumidor no mercado de consumo.

Garantir os direitos do consumidor é hoje uma necessidade para o avanço do processo democrático, dos direitos humanos e da cidadania, e também para um justo desenvolvimento econômico e social do País. Uma economia aberta e cada vez mais globalizada precisa de consumidores participantes, capazes de exigir serviços e produtos com preço justo e qualidade adequada, possibilitando sua satisfação nas relações de consumo e uma qualidade de vida cada vez melhor.

Inovador, o Código adota uma linguagem acessível, que procura explicitar os conceitos legais de forma clara e objetiva.

O Ministério da Justiça, por meio da Secretaria de Direito Econômico e do Departamento de Proteção e Defesa do Consumidor, busca, com esta publicação, contribuir para a conscientização e educação dos consumidores e fornecedores, investindo dessa forma no resgate da cidadania, apoiado no reconhecimento dos direitos do consumidor (BRASIL. Lei nº 8.078, de 11 de setembro de 1990).

Na chamada fase receptiva, os Serviços de Atendimento ao Cliente foram implantados de maneira precária com empregados de baixa qualificação. A missão era atender as reclamações dos clientes e evitar problemas com o Procon (serviço de proteção ao consumidor).

Com o desenvolvimento do Programa de Qualidade Total nas empresas, o Serviço de Atendimento ao Cliente passa a considerar a satisfação do cliente um fator importante e, portanto, necessário de ser monitorado. Nesta fase, ocorreu a informatização do serviço de atendimento com a modernização dos equipamentos de telefonia e treinamento dos operadores (pessoas do atendimento), porém essa atividade ainda é vista como um custo pelas organizações.

No final da década de 1990, surge a percepção, por parte das empresas, de que é possível aumentar a rentabilidade com os clientes por meio de um vínculo mais forte, ou seja, o Serviço de Atendimento passa a ser um elemento importante na busca da fidelização. A qualidade no diálogo aliado ao desenvolvimento de uma estratégia de negócios baseada no relacionamento passa ser a atividade do serviço de atendimento que ganha o status de *call center*.

O *call center*, sistema que recebe chamada, abre o diálogo com a sociedade. De um lado, a empresa ou a instituição pública, de outro, o cidadão em busca da informação, comprando produtos ou serviços, pedindo informações, questionando, negociando ou dando sua opinião sobre um determinado assunto comum aos dois lados.

Do ponto de vista conceitual, o *call center* atual envolve três elementos básicos: o primeiro deles é hardware, com as ferramentas que nos fornece, tais como PABX, banco de dados, telecomunicações, meios digitais entre outros; em segundo lugar vem o software, ou seja, um conjunto de programas que ajuda a empresa a alcançar as soluções mais eficientes; por último, mas não menos importante, o *call center*, uma palavra que volta a ter sentido estratégico, significando os talentos humanos, a cultura do usuário e a competência operacional.

O diálogo com clientes pode proporcionar o seguinte:

- Diz se você está fazendo algo errado e como corrigir o erro.
- Dá ideias para novos produtos e maneiras de apresentar os produtos atuais.
- Torna o cliente potencial (*prospect*) mais interessado e menos aborrecido ou frustrado.
- Faz o cliente se sentir mais leal e compromissado em fazer negócios com você.
- Fornece um importante apoio para sua propaganda.
- Acrescenta valor para seu produto ou serviço.

A integração dos sistemas de informática ao sistema de telefonia é denominada CTI (*Computer and Telephony Integration*), a qual permite a integração das funções de telefone, voz, dados dos consumidores e *databases*. Com o CTI, pode-se trocar comandos e mensagens entre computadores e sistemas de telefonia, com os sistemas periféricos. Permite o roteamento inteligente de chamadas, faz surgir telas adequadas no terminal do operador a cada situação e a integração com outras mídias, como URA (Unidade de Resposta Audível), ou ainda IVR (*Interactive Voice Response*). Além de oferecer total confiança e segurança ao cliente – pois sabemos quem ele é e quais são as suas necessidades –, temos aí a base perfeita para o CRM na geração dos relatórios que são vitais para a sinalização do nosso mercado para a empresa.

Quanto aos sistemas de informática necessários aos atendimentos e geração de relatórios, o mercado nos apresenta uma infinidade de boas soluções variando em robustez e diversidade em aplicativos e interação com outros sistemas legados. Existem soluções para as pequenas, médias e grandes empresas apresentando evoluções escalonáveis dependendo das necessidades futuras. Precisamos ter apenas o cuidado na otimização de custos para não adquirir sistemas com um dimensionamento não utilizável para nossas necessidades, o que representará um investimento que nunca nos trará um retorno ágil.

5.3.1 A VISÃO ESTRATÉGIA DO *CALL CENTER*

O *call center* é o núcleo da empresa, e toda uma cultura de atendimentos empresariais – em todos os seus segmentos – precisa ser implantada como resultado de melhores práticas em crescimento. Todos são responsáveis pelos clientes.

Esse procedimento confere segurança e, consequentemente, confiança. Ele é também muito importante na alimentação de todos os atendimentos feitos aos consumidores em todos os canais, para que todos os profissionais de atendimento possam interagir e continuar a falar a mesma linguagem com cada consumidor, em um novo atendimento, qualquer que seja o canal por ele escolhido. Daí a enorme importância de um sistema que possa suprir todas as necessidades empresariais independente de sua dimensão.

O conceito moderno de *call center* envolve a utilização adequada e no mais alto grau dos recursos de administração da informação[16], de marketing criativo e de uma comunicação eficiente e cada vez mais direta (direcionada a públicos específicos que a empresa deseja atingir).

---

[16] A informação é a necessidade central de todo o sistema de *call center*, sendo todo o resto apenas um meio, seja um moderno PABX, um banco de dados moderno ou um web site bem construído e dinâmico. Não basta apenas abrir as portas da sua empresa, é necessário que o cliente esteja lá dentro.

Na realidade, não há um modelo único de *call center* para todos. Cada empresa ou segmento de atividade é um universo. Assim, cada cliente tem características e necessidades distintas, que precisam de soluções sob medida e personalizadas.

Atualmente no mercado podemos contar com empresas/soluções que nos oferecem um *pool* de serviços/soluções para todas as nossas necessidades de atendimento, tais como:

- Desenvolvimento de sistemas de atendimento customizados para cada necessidade.
- Serviços de *front* e *back offices*, com todos os relatórios gerenciais possíveis.
- Central de Telefonia Inteligente com todas as configurações necessárias e/ou desejadas.
- Consultoria especializada em atendimento de acordo com a necessidade de cada negócio e suas evoluções naturais.

Sistemas de *call center* cada dia mais modernos passam a ser utilizados nos mais diversos setores, desde as centrais de telemarketing (ativas, passivas ou mistas) até os serviços de interesse público mais amplos, como centros médicos e hospitalares, pronto-socorros, corpo de bombeiros, polícia, hotéis, agências de turismo, restaurantes, entre muitos outros.

Como visto no início deste capítulo, uma eficiente estratégia de marketing deve passar necessariamente por um relacionamento efetivo de alta qualidade entre a empresa e o cliente. Assim como se aprende sobre os clientes, aprende-se qual é a estratégia mais efetiva em termos de atendimento às necessidades dos clientes. Em qualquer estratégia, é fundamental que se agregue valor ao produto ou serviço pela disponibilização de serviços pelo próprio relacionamento.

Neste contexto, o *call center* transforma-se num *contact center*[17], gerenciando todo e qualquer contato com a empresa pela utilização das diversas ferramentas que compõem o *front-office* (internet, fax, terminal de consulta, smartphone, telemarketing, máquinas de vendas etc.), respondendo em tempo real qualquer solicitação seja uma pergunta, um questionamento ou até mesmo um pedido de compra.

---

[17] Podemos chamar de *contact center* a extensão das atividades do *call center*, ou seja, recebe esse nome a partir do momento em que esta área deixa de apenas receber chamadas e arquivar as suas informações e passa a gerenciar todos os canais de relacionamento, inclusive desenvolvendo estratégias adequadas a cada perfil.

Portanto, um *contact center* representa muito mais que uma questão de orçamento, representa a própria cultura de uma organização, com impacto direto na satisfação dos funcionários, que, por sua vez, impacta na fidelização do cliente, os resultados na alocação de novos recursos (Figura 5.4).

Figura 5.4 – O *call center* e a interface com a gestão administrativa.

O retorno do investimento de um verdadeiro *call center* é o reconhecimento dos clientes com a fidelização à nossa marca e o crescente nível de aquisição. Se sou bem assessorado e servido, estarei recebendo valores adicionais agregados às minhas compras e a esta marca permanecerei fiel e a recomendarei.

Se a empresa reconhece o *call center* como retrato de nosso mercado, estimula a captura e análise de informações potencialmente úteis e sua disseminação na organização.

Quadro 5.2 – A visão do *call center*.

A integração com o cliente é executada por uma chamada telefônica (conceito que se refere à palavra inglesa *call*).
A estratégia básica é padronização do atendimento – tornando-o muitas vezes inconsistente, de modo que muitas vezes oferece respostas inadequadas aos problemas e às perguntas dos clientes.
A empresa normalmente considera esta área como um centro de custos, ou seja, uma fonte de despesas e, como tal, tenta-se continuamente reduzir despesas.
As medidas de desempenho em termos de produtividade estão normalmente vinculadas à quantidade de chamadas efetuadas, ao tempo de cada ligação, ou até mesmo ao custo de cada ligação.
A mão de obra utilizada é normalmente pouco qualificada e mal remunerada.

Como podemos observar no Quadro 5.2, as vantagens do *call center* estão associadas ao ganho de escala e uniformização com um baixo custo. No entanto, esse centro de atendimento vem sendo criticado pela forma automatizada e fria do relacionamento.

Um atendimento realizado pelo *call center*, na maioria dos casos, passa a ser um modelo ineficiente, não contribuindo para a satisfação do cliente, pelo contrário, muitas vezes ampliando a irritação e/ou aumentando o estresse na relação.

Por isso, algumas empresas, ao perceber isso, começam a abandonar o conceito de *call center*, incorporando o conceito de *contact center* (Quadro 5.3).

Quadro 5.3 – A visão do contact center.

A integração com o cliente é executada por um conjunto de meios (internet, e-mail, fax, voz por IP) de forma integrada, de modo que o banco de dados orienta as estratégias.
A estratégia de atendimento é amplamente personalizada não só pela comunicação direta, mas pela identificação das necessidades, desenvolvendo formas de atendê-las.
A empresa considera esta área como um centro de lucro, ou seja, uma fonte de ampliar as receitas principalmente por meio de ações de *cross-selling*, *up-selling* e fidelização.
As medidas de desempenho, no que diz respeito a produtividade, estão normalmente vinculadas à qualidade das chamadas efetuadas, ou seja, quantos *prospects* foram transformados em clientes, o aumento na fidelização, o aumento nas vendas, o aumento no grau de satisfação, a diminuição das reclamações, o aumento nas opiniões, entre outros.
A mão-de-obra utilizada é altamente qualificada, deve ser bem remunerada e deve receber treinamento contínuo.

É importante reforçar que a integração singular proposta pelo *contact center* pressupõe que a empresa esteja disposta a manter um relacionamento suportado por processos organizacionais mais ágeis e selecione a tecnologia adequada, o que requer metodologia, expertise e experiência comprovada nesse tipo de solução. É uma grande virada no conceito de atendimento ao cliente, uma vez que extrapola a prática existente e a qualidade, além de ser uma possibilidade de aumentar a fidelidade do cliente e, consequentemente, a rentabilidade.

5.4 O SERVIÇO DE PÓS-VENDA

O crescimento e ampliação do conceito de *call center* para o *contact center* está sendo possível graças à utilização eficaz das ferramentas do *front-office* e sua interface com o marketing.

Entende-se por *front-office* (Figura 5.5) todas as ferramentas que permitem o contato da empresa com o mercado. Vamos tratar aqui do papel de duas dessas ferramentas, que são o telemarketing e a internet, por acreditar que abrange as demais.

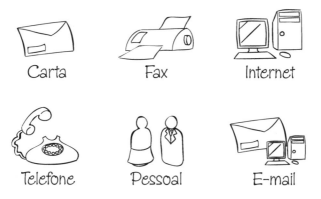

Figura 5.5 – Canais de relacionamento com o mercado – *front-office*.

Entende-se que pelo contato permanente e integrado à utilização das diversas formas de relacionamento uma empresa realmente conhecerá as reais necessidades do cliente.

Os pontos de contato com o cliente (*front-office*) se apresentam como o fator crítico de sucesso de uma ação de relacionamento, pois representam o diálogo constante entre cliente e empresa.

Conforme podemos observar (Figura 5.5), sobre as possibilidades de contato da empresa junto ao seu mercado de atuação é possível apresentar alguns dos principais:

- O contato pessoal por meio de vendedores, promotores e gerentes que representam a força de vendas da organização.
- O contato tradicional com a utilização de mala direta (correio), fax e telefone (SAC e *call center*).
- A internet a partir dos sites que possibilitam uma série de interações (chats, e-mails, entre outros).

Esses pontos de contatos atuais (mala direta, telemarketing, internet e celulares), apesar de não serem tão presenciais como no caso da força de vendas, exigem também uma interação em tempo real, ou seja, velocidade, personalização e integração.

Os pontos de contato não-presenciais, cada vez mais atrativos tanto pela redução de custos que proporciona, quanto pela agilidade e controle que possibilitam, vêm exigindo a presença de profissionais cada vez mais qualificados para atuar nessa área.

Conforme podemos verificar no Quadro 5.4, cada ponto de contato deve ser utilizado dentro de uma estratégia específica e que deve fazer parte da estratégia de relacionamento da empresa junto ao mercado de atuação.

Quadro 5.4 – A utilização estratégica dos pontos de contato.

As visitas presenciais, através da força de vendas, permitem que a relação se torne mais "humanizada", sendo importante principalmente em um primeiro contato ou quando existe uma situação que necessita estreitar o relacionamento.
O uso do telemarketing agiliza o atendimento, principalmente nos casos onde se torna possível padronizar o conteúdo da mensagem. Deve-se tomar cuidado com a dificuldade dos acessos através dessa ferramenta e da competência em gerenciar as informações coletadas e/ou identificadas.
O uso do e-mail permite unir em uma só comunicação elementos pertencentes a multimídias como som, imagem e textos a um baixíssimo custo. No entanto, como toda ferramenta direta, deve se ter cuidado com a invasão de privacidade e com os spams.
Os web sites (páginas da internet), assim como os e-mails, reúnem os recursos das multimídias e não têm características invasivas por depender do acesso do usuário à página. O grande desafio é utilizar uma linguagem e uma forma adequada ao propósito da empresa.

Portanto, é fundamental selecionar de forma mais racional os pontos de contato adequados às necessidades dos clientes e de possibilidade da empresa, buscando estabelecer uma relação de aprendizado, transformando, posteriormente, essas informações em valor agregado ao cliente. Isso vale dizer que os pontos de contato são o primeiro passo em busca da fidelização e, conseqüentemente, diferenciação estratégica da empresa em seu mercado de atuação.

5.4.1 O PAPEL DO TELEMARKETING

Andando de mãos dadas com o Serviço de Atendimento ao Consumidor, o telemarketing é mais uma poderosa ferramenta do marketing de relacionamento, uma vez que é qualquer processo de negociação realizado por meio do telefone.

Desde pequenas lojas até grandes redes sempre utilizaram variadas técnicas para seduzir o cliente. O objetivo era atingir o maior número de pessoas com os melhores resultados, mas com o passar dos anos muita coisa mudou. As mídias de massa passaram a ter custos muito altos sem, no entanto, causar o efeito desejado. Desde então, o telefone passou a ser uma opção barata de comunicação dirigida. Desse processo, nasceu o telemarketing, que é uma das principais ferramentas de marketing direto.

Cada vez mais empresas utilizam o telemarketing, e não é só para vender. A comunicação dirigida permite o acompanhamento e o conhecimento de cada cliente, além de medir os resultados de cada ação específica. Trabalhando com operadores treinados e tendo a informática como aliada, o telemarketing passou a ser mais rápido, eficiente e preciso.

O telemarketing não é somente uma ferramenta de vendas por telefone, ele é usado também para manter um relacionamento constante com um cliente, por meio de contatos periódicos.

Pode ser visto como um intruso e excessivamente agressivo, mas se for feito com pessoas e empresas que já são clientes, é visto de forma diferente. Nesse caso, o telefonema geralmente é bem-vindo, principalmente se a razão do telefonema não for vender, mas, sim, levantar necessidades, resolver ou prevenir problemas. Ele permite que a empresa possa se comunicar periodicamente com os clientes, armazenando dados para posterior utilização. Poucas armas de vendas e marketing permitem estabelecer vínculos, fazer pesquisas, medir graus de satisfação e fidelidade, e ainda vender – tudo ao mesmo tempo.

As principais vantagens dessa ferramenta são:

- Interatividade – A principal vantagem do telemarketing é a sua natureza pessoal e interativa, ideal para exposição e venda de um produto por vez.
- Flexibilidade – Não há limites para uma determinada mensagem e, quando os telefonemas de resposta a um determinado *script* começam a chegar, existe a possibilidade de revisão imediata caso os resultados não sejam satisfatórios.

- Otimização – O telemarketing permite incrementar uma operação com produtos ou serviços adicionais em um único diálogo de vendas.
- Resposta imediata – Uma grande vantagem sobre a mala direta.
- Aglutinador – Funciona como complemento às ações de venda pessoal, promoção de vendas e marketing de relacionamento.
- Foco – Restringe condições especiais de preço e/ou conteúdo, possibilitando vantagens competitivas em face da economia de recursos de comissões, logística etc.
- Abrangência – Atinge um número maior de *prospects* em relação à venda pessoal.

Entretanto, a operação do telemarketing traz também algumas desvantagens e riscos, como:

- Custo – Pelo fato de ser ainda mais caro que a mala direta, é necessário ser muito bem planejado e executado.
- Visualização – Sua incapacidade de mostrar imagens é um dos motivos que o faz funcionar melhor quando trabalhado como suporte de outros veículos, que possam ilustrar os produtos.
- Intruso – O telemarketing, em algumas situações, invade a privacidade do cliente, não sendo bem visto por isso.
- Frequência – Oferecer o mesmo produto ou serviço, com pequenos intervalos, torna-se um complicador e pode representar desorganização.

5.4.2   O PAPEL DA INTERNET

A internet oferece a oportunidade de envolver interativamente o cliente com uso de processos que são padronizados, mas que dão aos clientes a oportunidade de reunir o valor que eles buscam em um produto ou serviço customizado. Por ser bidirecional, permite o desenvolvimento de sites que podem ser personalizados de acordo com as características, desejos e necessidades dos consumidores. É um meio perfeito para o desenvolvimento das estratégias de marketing de relacionamento.

O desenvolvimento dos sites de comércio eletrônico (*e-commerce*) fez com que muitas empresas disponibilizassem seus produtos e serviços utilizando esse canal. Kotler (2000, p. 49) indica que essas empresas estão mudando em vários aspectos: "O *e-commerce* permite não mais atrair clientes para a loja ou enviar vendedores ao cliente e sim passar a disponibilizar praticamente todos os seus produtos e serviços pela Internet".

Para Lovelock e Wright (2001, p. 47), "a moderna tecnologia das telecomunicações e os computadores permitem que os clientes se conectem às empresas podendo efetuar compras em sua casa ou escritório".

Percebemos, portanto, que o comércio eletrônico pode ser definido como todas as etapas que ocorrem em qualquer ciclo de negócio usando a tecnologia.

As empresas progressistas da internet se adaptaram melhor ao novo diálogo, em grande parte porque a internet fez de tudo para aumentar o poder do consumidor no diálogo. Um bom exemplo é a Amazon.com (*www.amazon.com*). Toda vez que um consumidor dessa organização acessa o site da empresa, o vendedor de livros on-line fornece conselhos baseados não somente nas últimas compras do consumidor, mas também nas compras de outras pessoas que adquiriram livros semelhantes. À medida que os gostos e preferências de seus consumidores se desenvolvem, o compromisso da Amazon.com reflete essa mudança.

Portanto, a contribuição da internet para a viabilização do marketing de relacionamento é muito abrangente, daí a escolha do foco do estudo ser as empresas que desenvolvem seus negócios na rede digital, pois elas estão introduzindo um novo paradigma no comércio e no relacionamento com os clientes a um ritmo assustador (BRETZKE, 2000, p. 60-75).

O cenário se justifica porque, de um lado, existe a necessidade de as empresas se adequarem aos padrões mundiais para conquista de espaço no mundo da tecnologia e informação e, de outro, há consumidores que perceberam na internet dois valores agregados ao produto: tempo e estresse.

Quando Popcorn (1994) publicou em seu livro o resultado das pesquisas que indicavam uma mudança comportamental e de estilo de vida da população, já se demonstrava que essa mudança exigiria o aparecimento de novos negócios e produtos que possibilitassem às pessoas terem mais tempo em suas vidas para lazer, entretenimento, cultura e menos estresse nas suas relações – estava nascendo aí o valor agregado que a internet traz para as organizações. No entanto, esses dois elementos que representam um diferencial competitivo e oportunidades para as organizações, ao mesmo tempo, representam um grande desafio para os executivos, pois exigem mudanças na estratégia e na forma de conduzir os negócios.

A internet facilita a vida das pessoas, fazendo com que elas possam acessar as empresas de sua casa e, em apenas poucos minutos, realizar tarefas que demandariam muitas horas e muito desgaste físico e emocional. Vejamos, por exemplo, um consumidor que desejasse fazer uma viagem. Ele teria, no comércio tradicional, de telefonar para diversas empresas aéreas, reservar hotel, alugar carro etc., além de negociar com cada uma delas para obter o melhor desconto.

Nos portais ou *marketplaces* (termo usado para identificar sites que contêm grande número de opções de compras ou informações sobre um determinado tema), o consumidor tem acesso à informação e imagem, o que torna mais fácil pesquisar, comprar e conversar (até barganhar o preço). A diferença entre um fornecedor e outro está no clique do mouse do computador, o que dá ao consumidor um grande poder de negociação.

Devido às muitas opções de escolha e ao poder que os consumidores adquiriram na nova economia, aumentaram consideravelmente as exigências para os padrões de qualidade e serviços que lhe são oferecidos.

Assim, tais consumidores apresentam "tolerância zero" a qualquer tipo de erro e isso se torna fatal para as empresas, já que um dos principais fundamentos do comércio eletrônico é a diminuição de estresse.

Quem compra, por exemplo, um telefone celular e não recebe, mesmo que o valor não seja debitado no cartão de crédito, simplesmente deleta o endereço da loja virtual que pisou na bola. Para piorar as coisas para os comerciantes on-line, o internauta (pessoa que usa a internet) entende como erro grave todo e qualquer deslize cometido pela loja. Tanto faz se a empresa demora a entregar a encomenda, se ela danifica a embalagem ou se entrega uma mercadoria diferente da que foi encomendada.

Por isso, é possível verificar que pouco adianta todo o investimento em tecnologia disponível para construção do comércio eletrônico (*e-commerce*) e todo o visual persuasivo da *home page*, se o seu sistema comercial e as estratégias organizacionais continuarem sendo elaboradas de acordo com a forma tradicional de comércio.

Assim, toda essa mudança no enfoque dos negócios, com perspectivas positivas para o comércio eletrônico, obriga as organizações a repensarem até mesmo os conceitos básicos do marketing (Produto, Preço, Canal de distribuição e Comunicação).

Essas transformações obrigam o empresário a estar atento em relação ao objetivo do marketing, que é criar na empresa a capacidade de se manter alerta para o seu nicho de mercado. A sobrevivência e o crescimento do negócio, por menor que sejam, dependem da atualização contínua do empresário, que necessita analisar as circunstâncias específicas do seu

5. O PROCESSO DE PÓS-VENDA (PPV)

empreendimento, antecipando-se e reagindo tanto às iniciativas da concorrência quanto às tendências da moda, dos novos produtos e das mudanças de hábitos dos consumidores.

Dessa maneira, a eficiência do marketing de uma empresa será fruto da agilidade para gerar novas ideias (criatividade é a palavra mágica), que captem a imaginação dos consumidores e tenham impacto real sobre o mercado.

Contudo, tem-se percebido que são poucas as empresas que elaboram projetos bem estruturados de *e-commerce* (comércio eletrônico), e que são poucos os profissionais que captam realmente a complexidade de entender e atender às necessidades dos clientes na rede, obrigando-os a reformular, reaprender e readaptar a dinâmica dos negócios.

Segundo Bretzke (2000, p. 72), é necessário considerar algumas barreiras no desenvolvimento do comércio eletrônico, que são o custo psicológico e o risco percebido.

Essas barreiras devem ser suplantadas pelo valor do serviço (oferta) e a qualidade do atendimento on-line, que deve ser entendido como a formatação da própria vitrine eletrônica e o processo de atendimento pós-venda, desde a captura do pedido até a entrega do produto.

Apesar da existência de vários fatores que influenciam o comportamento do consumidor na internet e, consequentemente, o relacionamento, pode-se dizer que o fator mais importante a ser analisado é o grau de satisfação com o serviço prestado. Para Christopher (1999, p. 56), "um requisito fundamental para uma organização que busca se tornar líder em serviço é saber, de maneira detalhada e objetiva, como os clientes definem o serviço".

De acordo com Kotler (2000, p. 32), os pontos mais importantes para desenvolver um site no comércio eletrônico são:

- Conteúdo – Informações relevantes e atualizadas sobre produtos e serviços.
- Conectividade – O site deve ser fácil de navegar com mecanismos de busca simples.
- Atendimento ao consumidor – Serviços como rastreamento de entrega, suporte no pós-venda, e-mail e telefone (0800) para contato.
- Comunicação – Interatividade entre consumidor e empresa.
- Personalização – Conteúdo pessoal baseado em informações sobre o cliente.

Para atingir esses objetivos, a internet está gerando mudanças radicais no movimento de compra de matérias-primas e sua transformação em

CRM (*CUSTOMER RELATIONSHIP MANAGEMENT*)

produto final. Ela está repercutindo também no auxílio da concretização de relacionamento com o cliente e em outros modos de executar tarefas. Com sua utilização, o paradigma da administração está se transformando constantemente.

Apesar de a internet ser um instrumento que transforma o paradigma da administração, de fato muitas empresas ainda não estão conseguindo aproveitá-la suficientemente.

Sem saber como usar adequadamente a internet, as empresas simplesmente criam *home pages*, blogs, redes sociais e as disponibilizam na rede. Em outros casos, consideram que a simples apresentação dos produtos para venda e a informação sobre o modo de consumo são suficientes, e acabam por fazer seu *Internet Business* dessa forma simplificada.

As razões pelas quais as empresas estão se aproximando da internet desse modo podem ser as seguintes:

- Primeiro – As empresas pensam que a sua *home page* tem de ser baseada nos dados técnicos de informação. Esse fato ocorre porque os responsáveis pelo sistema de dados imaginam sua tarefa como sendo somente o avanço baseado nas técnicas de informação de dados.
- Segundo – As empresas transportam o modelo já existente no mundo real para a internet sem fazer alteração nenhuma. A internet pode exigir a dissolução de toda a estrutura de uma empresa.
- Terceiro – As empresas colocam suas próprias filosofias como a base do web site. Pelo fato de terem sucesso no mundo real, baseiam-se nesse potencial e imaginam que a sua apresentação na internet deve ser feita da mesma forma para atrair o interesse dos clientes. No entanto, o fato é que os clientes não gostam de visitar sites de empresas que não valorizam o consumidor.
- Quarto – As empresas se aproximam de modo bastante tímido. Elas basicamente tentam esconder o próprio *know-how* e suas próprias informações. Entretanto, como diversas pessoas conectam-se à internet livremente e trocam informações constantemente, os dados que elas tentam esconder são descobertos facilmente. Quanto mais a empresa tenta esconder dados, mais desvalorizado fica seu site aos olhos dos usuários, porque dão a impressão de desconfiança.
- Quinto – As empresas subestimam as habilidades da internet, um instrumento de circulação de informações e concretização de relações entre as empresas. No entanto, como o modo de circulação dos dados

5. O PROCESSO DE PÓS-VENDA (PPV)

é bem desenvolvido, na fase de trabalho a maioria deles podem ser unidos e então utilizados. Na verdade, a maioria do trabalho das empresas resume-se à transação dos dados. Pode ser complicado, mas é necessário pensar bem o sentido da palavra "dados".

- Sexto – As empresas realizam o *Internet Business* sem ao menos ter definido um propósito. Como a internet tem habilidade para vários tipos de serviços, na tentativa de realizá-los todos de uma só vez, as empresas acabam esquecendo sua real motivação ou simplesmente o fazem devido à ação da concorrência. Este é o caminho mais curto para o desperdício.

- Sétimo – As empresas mantêm sua base existente no mundo real e, dessa forma, aproximam-se da internet, a qual tem a tendência de destruir os meios de comunicação, organização e os indivíduos existentes na estrutura básica da empresa. Isso é um fato doloroso para a empresa e passa insegurança, por parecer que seus ganhos não resistirão. Contudo, como a internet fornece para todas as empresas chances iguais de recuperação, acabam surgindo inúmeros concorrentes. O apego à realidade torna a concorrência muito difícil e, no fim das contas, acaba enfraquecendo a própria empresa.

Há quem diga que para realizar um negócio via internet, deve ser formado um modelo de empresa próprio, como se estivesse sendo desenhado em uma folha em branco. As empresas que se baseiam nas estruturas do mundo real dizem que é necessário fundir a sua própria estrutura com a estrutura modelo da internet e reestruturar todo o negócio.

Algumas empresas pensam muito seriamente a respeito do paradigma da administração baseada na internet, e algumas não acham a questão muito relevante. Entretanto, a maior parte delas, independentemente do tamanho, reconhece que há mudanças a serem feitas e cada uma se esforça do seu modo para se adaptar à internet.

Tais esforços das empresas podem levar tanto a bons como a maus resultados. Ninguém pode garantir o sucesso. Mas será que não se pode considerar que a possibilidade de sucesso é alta para quem compreende a logística e a característica do negócio realizado pela internet?

Em resumo, o desafio das empresas na internet é ser líder em serviços ao cliente e para isso é necessário conhecer as exigências dos diferentes segmentos e reestruturar seus processos organizacionais de marketing, vendas e logística em direção ao cumprimento dessas exigências. Dedica-

CRM (*CUSTOMER RELATIONSHIP MANAGEMENT*)

remos o próximo capítulo para detalharmos mais a participação da internet e sua importância como ferramenta que possibilita maximizar a eficiência dos processos.

5.4.3 O PAPEL DO *OMBUDSMAN* NA GESTÃO DO RELACIONAMENTO

Dentro das atividades associadas aos pontos de contato da empresa junto ao seu mercado-alvo, torna-se cada vez mais presente nas estratégias de relacionamento a figura do *ombudsman* – profissional contratado por um órgão, uma instituição ou uma empresa que tem a função de receber críticas, sugestões, reclamações e deve agir em defesa imparcial da comunidade.

O *ombudsman* não é apenas uma pessoa que recebe solicitações e/ou reclamações de clientes, ele exerce uma atividade importante e estratégica para as empresas que buscam se diferenciar por meio de um serviço de atendimento a clientes. Esta atividade, portanto, deve fazer parte da gestão do relacionamento com o cliente, sendo um elemento facilitador na relação da empresa junto ao seu mercado-alvo.

Historicamente, esta figura teve seu aparecimento na Suécia, em 1809, onde *ombudsman* era a pessoa que representava o cidadão perante o parlamento. Com o passar do tempo, o conceito de *ombudsman* vem sendo cada vez mais utilizado para uma série de atividades, nas quais é necessário que se tenha um interlocutor.

O *ombudsman*, então, pode representar um cidadão junto a algum órgão público, um consumidor junto a uma determinada empresa ou, até mesmo, um funcionário junto a algum dirigente.

A principal função do *ombudsman* é zelar para que os direitos do público envolvido sejam respeitados sempre e suas expectativas sejam atendidas. Este objetivo pode ser atingido por meio de quatro procedimentos importantes:

- O *ombudsman* deve, a partir das diversas formas de contato, identificar e reconhecer a necessidade do público envolvido.
- O *ombudsman* deve direcionar a solicitação realizada por um determinado usuário, para todas as áreas envolvidas com a questão, além de acompanhar o progresso.
- O *ombudsman* deve contribuir para buscar soluções rápidas e satisfatórias para todos os envolvidos.

- O *ombudsman* deve comunicar ao público envolvido as soluções propostas e detectar o nível de satisfação.

Para atingir esse objetivo, o *ombudsman* precisa possuir legitimidade para exercer esta atividade, ou seja, ter independência e autoridade para resolver rapidamente situações de atrito ou reverter frustrações do público envolvido, buscando melhorar o relacionamento entre as partes envolvidas.

É importante dizer que não se pode limitar esta atividade a uma postura passiva. O *ombudsman* deve ser também um elemento proativo, buscando contato com grupos de representados, motivando-os a se comunicarem livre e claramente quanto à forma como percebem, sentem e reagem às ações das empresas.

Enfim, para terminar, vale dizer também que o *ombudsman* não pode ser confundido com uma atividade do poder judiciário (figura de um juiz), e sim de um facilitador buscando colaborar na melhoria do relacionamento entre a empresa e o mercado, colaborando com o processo de fidelização.

5.5 MARKETING DE SERVIÇOS E O COMPORTAMENTO DO CONSUMIDOR

Conforme desenvolvido anteriormente, diversos autores têm destacado a importância dos serviços como elemento diferenciador das empresas. Em um mercado em que os produtos estão cada vez mais "comoditizados" (sem diferenciação), o diferencial competitivo a ser adquirido por uma empresa poderá se dar a partir da incorporação de serviços adicionais que possam ser identificados e valorizados pelo consumidor. Entre alguns serviços que uma empresa pode incorporar ao seu produto temos, por exemplo, a facilidade de pedido, entrega, instalação, treinamento e orientação dos clientes, manutenção e reparo, entre outros. Dessa forma, a diferenciação por meio dos serviços pode se constituir em um instrumento estratégico para conquistar a vantagem competitiva.

Apesar da grande importância do setor de serviços, os consumidores/ clientes nem sempre estão satisfeitos com a qualidade e o valor dos serviços que recebem, o que pode comprometer a sua lealdade em relação às empresas. Por isso, as organizações devem estar constantemente habilitadas a identificar as necessidades e desejos do mercado-alvo, além de traduzir essas informações em atributos que melhorem continuamente a qualidade dos produtos e/ou serviços oferecidos, sob a ótica dos clientes.

Conforme Neves, Castro e Fazanaro (2000, p. 3), compreender o comportamento dos consumidores é imprescindível para que a organização possa oferecer produtos e serviços que satisfaçam mais adequadamente suas necessidades e seus desejos. Tais autores destacam ainda que "[...] entender o comportamento do consumidor é poder predizer com maior chance de acerto o seu comportamento, descobrir os relacionamentos de causa e efeito que gerenciam a persuasão para a compra de produtos e compreender como é a educação desse consumidor ao longo do relacionamento dele com a empresa".

Engel, Blackwell e Miniard (1995, p. 4) definem o comportamento do consumidor como "... aquelas atividades diretamente envolvidas com a obtenção, o consumo e o descarte de produtos e serviços, incluindo os processos de decisão que precedem e sucedem tais ações". Tais autores propuseram um modelo de análise do processo decisório de compra dos consumidores que envolve o reconhecimento da necessidade, a busca de informações, a avaliação de alternativas, a compra, o consumo e a avaliação pós-compra. Além disso, diversos fatores como as diferenças individuais (recursos do consumidor, motivação e envolvimento, conhecimento, atitudes, personalidade, valores e estilo de vida), as influências ambientais (cultura, classe social, influências pessoais, família e situação) e os processos psicológicos (processamento de informações, aprendizagem e mudanças de atitudes) podem afetar o seu comportamento de compra e de consumo. Kotler (2000) destaca ainda que variáveis demográficas como o sexo, a escolaridade, a idade, a religião, o tamanho da família, entre outras, podem exercer uma grande influência no comportamento de compra e de consumo.

Acredita-se que as informações obtidas sobre o comportamento dos consumidores poderão se constituir em importantes subsídios para a adoção de estratégias que favoreçam a percepção de qualidade e de valor, além da satisfação e da lealdade.

Basicamente, a qualidade de um serviço percebida por um cliente tem duas dimensões: uma dimensão técnica (relacionada ao resultado do serviço) e uma dimensão funcional (relacionada ao processo de produção do serviço). O que os clientes recebem em suas interações com a empresa é claramente importante para eles e para sua avaliação da quantidade. Isto é visto como a qualidade do produto entregue, ou seja, a qualidade técnica do resultado do processo de produção do serviço. É com essa parte que o cliente fica quando o processo de produção do serviço termina. Entretanto, não é apenas a qualidade técnica que conta na avaliação da qualidade total percebida pelo cliente. Existe um grande número de interações entre o prestador de serviços e o cliente, antes de se atingir o resultado final. Essas interações são chamadas de momentos da verdade e são as etapas que o cliente vivencia durante o processo da prestação do serviço. Certamente, o cliente será influenciado pela maneira como o resultado final chegou até ele, ou seja, pelos processos utilizados durante a prestação do serviço. A esse processo dá-se o nome de dimensão funcional da qualidade, ou seja, como o cliente vivencia o processo de produção do serviço.

Resumidamente temos então duas dimensões básicas da qualidade, a saber: o que o cliente recebe (dimensão técnica, relacionada ao resultado) e como o cliente recebe (dimensão funcional, relacionada ao processo).

Portanto, as empresas que possuem visão de serviço (focadas em serviço) desenvolvem um marketing de serviços apropriado para identificar as necessidades dos consumidores e atendê-las a partir da prestação do serviço. O produto é apenas um meio de atender essas necessidades. As empresas que se encontram nesse estágio certamente possuem uma vantagem competitiva em relação aos seus concorrentes.

5.5.1 QUALIDADE COMO VANTAGEM COMPETITIVA

A qualidade é considerada uma das chaves para o sucesso. A competitividade de uma empresa depende muito da qualidade dos bens e dos serviços prestados por ela. Entretanto, devido à natureza complexa da qualidade no contexto de serviços, um grande desafio para as empresas é saber determinar qual dimensão da qualidade (o que ou como) é a parte vital para se atingir a qualidade total. Se esta pergunta não for bem respondida, a empresa pode tomar decisões erradas e não conseguir atingir seus objetivos.

Grönroos (2001, p. 52) responde à essa pergunta dizendo que "[...] é difícil criar uma vantagem técnica porque, em muitos segmentos industriais, os concorrentes conseguem introduzir soluções similares bem rapidamente". Isto quer dizer que, devido à tecnologia e à facilidade de acesso às informações, existe um grande número de empresas que podem produzir mais ou menos a mesma qualidade técnica, atingindo um resultado semelhante. Portanto, a implementação de uma estratégia por serviços é uma opção possível para a maioria das empresas. Isto significa, em princípio, que a melhoria das interações comprador-vendedor, ou seja, dos processos, torna-se a base dos programas de qualidade. O desenvolvimento da dimensão funcional da qualidade pode agregar um valor substancial para os clientes, criando assim uma vantagem competitiva importante para a empresa.

É importante destacar que a percepção da qualidade está amplamente ligada às atividades tradicionais de marketing, resultando em algo que Grönroos (2001, p. 53) chama de qualidade total percebida. Uma boa qualidade total percebida é obtida quando a qualidade experimentada atende às expectativas do cliente, ou seja, à qualidade esperada. Se as expectativas criadas não forem realistas, fatalmente a qualidade total percebida do serviço será baixa, mesmo que a qualidade experimentada tenha sido boa. Em resumo, as expectativas criadas pelas atividades de marketing não podem ser maiores do que a qualidade que a empresa pode oferecer. Se isso ocorrer, a avaliação serviço estará comprometida.

Como desenvolvido anteriormente, a qualidade esperada pode estar relacionada a várias atividades de marketing, dentre as quais, podemos citar:

- Comunicação com o mercado – Inclui publicidade, mala direta, relações públicas e campanhas de venda, que estão sob o controle da empresa.
- Comunicação boca-a-boca – São os comentários que as pessoas fazem umas às outras e são disseminados para diferentes indivíduos.
- Imagem corporativa da empresa – Depende muito do desempenho da empresa, pois está relacionada às campanhas publicitárias.
- Necessidades dos clientes – As necessidades do cliente terão impacto na sua expectativa em relação ao serviço oferecido, bem como suas experiências anteriores.

5.5.2 OS SEIS CRITÉRIOS DA BOA QUALIDADE PERCEBIDA DO SERVIÇO

Esses critérios são, em síntese, fatores que a empresa deve levar em consideração para atingir uma boa percepção pelos clientes. Eles são o resultado de uma série de estudos realizados por diversos autores que são citados em Grönroos (2001 p. 57-60). Ainda de acordo com ele (2001, p. 61), esses critérios são:

1. Profissionalismo e habilidades – Os clientes sentem que a empresa possui recursos humanos e físicos necessários para satisfazer suas necessidades de forma profissional.

2. Atitudes e comportamento – Os clientes sentem que as pessoas do contato direto estão preocupadas em solucionar seus problemas de forma espontânea e amigável.
3. Facilidade de acesso e flexibilidade – Os clientes notam que o prestador de serviço está preocupado em facilitar o acesso aos serviços por meio de uma boa localização e flexibilidade nos processos.
4. Confiabilidade e honestidade – Os clientes sabem que tudo que foi acordado com a empresa será cumprido e, caso ocorra qualquer problema, a empresa honrará com seus compromissos.
5. Recuperação – O cliente sabe que sempre que algo der errado ou alguma coisa inesperada acontecer, o prestador de serviço tomará imediatamente atitudes que visem encontrar uma nova solução que seja aceitável para ambos.
6. Reputação e credibilidade – Os clientes confiam no prestador de serviço e consideram que as operações valem o dinheiro gasto.

Analisando esses critérios, pode-se perceber que o primeiro citado (profissionalismo e habilidades) está relacionado aos resultados, portanto, é uma dimensão técnica. Já os critérios classificados de 2 a 5, estão claramente relacionados a processos e, portanto, representam a dimensão funcional da qualidade. O último critério citado (reputação e credibilidade) está relacionado à imagem e, portanto, faz o papel de filtragem.

5.5.3 FATORES QUE PODEM CAUSAR FRACASSO NA ENTREGA DOS SERVIÇOS AO CLIENTE

Kotler (2000, p. 459) diz que "uma empresa prestadora de serviços pode sair ganhando ao executar um serviço com qualidade consistentemente superior à da concorrência e superar as expectativas dos clientes". Entretanto, podem ocorrer falhas na entrega de uma boa qualidade ao cliente. Segundo Kotler (2000, p. 459), "formularam um modelo de qualidade dos serviços que identifica lacunas que causam fracasso na entrega da alta qualidade de serviços". São elas:

1. Lacuna entre as expectativas do consumidor e as percepções da gerência – Nem sempre a gerência entende corretamente o que o cliente quer.

2. Lacuna entre as percepções da gerência e as especificações da qualidade dos serviços – A gerência pode entender corretamente os desejos dos clientes, mas não ser capaz de estabelecer um padrão específico de desempenho.
3. Lacuna entre as especificações da qualidade dos serviços e sua entrega – Os funcionários podem ser mal treinados, incapazes ou desinteressados em relação ao padrão. Podem ainda ser orientados com padrões conflitantes.
4. Lacuna entre a entrega dos serviços e as comunicações externas – As expectativas do cliente são afetadas por declarações feitas por representantes da empresa e por informações de propaganda. As comunicações externas, nesse caso, acabam gerando expectativas maiores do que a empresa pode proporcionar.
5. Lacuna entre o serviço percebido e o serviço esperado – Essa lacuna ocorre quando o serviço prestado não corresponde às expectativas do consumidor.

Para finalizar este capítulo, fica um alerta: numa economia dominada cada vez mais por serviços, com a concorrência crescendo a cada dia, as empresas que não despertarem para a importância de se oferecer serviços com qualidade, e que assim forem percebidas pelos clientes, correm o risco de encerrarem suas atividades em breve.

5.6 REFERÊNCIAS

Brasil. Lei nº 8.078, de 11 de setembro de 1990. (Apresentação). Dispõe sobre a proteção do consumidor e dá outras providências. Disponível em <http://www.planalto.gov.br/ccivil_03/leis/l8078.htm>. Acesso em: 15 fev. 2007.

Bretzke, Miriam, *Marketing de relacionamento e competição em tempo real com CRM (Customer Relationship Management)*, São Paulo, Atlas, 2000.

Christopher, Martin, *O marketing da logística*, São Paulo, Futura, 1999.

Engel, J.F., Blackwell, R.D. e Miniard, P.W., *Consumer behavior*, 8ª ed., Fort Worth, The Dryden Press, 1995.

Grönroos, Christian, *Marketing de gerenciamento e serviços: a competição por serviços na hora da verdade*, Rio de Janeiro, Campus, 1995.

Grönroos, Christian, *Marketing: Gerenciamento e Serviços*, Rio de Janeiro, Campus, 2004.

KOTLER, Philip., *Administração de Marketing: Análise, Planejamento Implementação e Controle*, São Paulo, Atlas, 1995.

KOTLER, Philip, *Administração de marketing: a edição do novo milênio*, São Paulo, Prentice Hall, 2000.

LOVELOCK, Christopher e WRIGHT, Lauren, *Serviços: marketing e gestão*, São Paulo, Saraiva, 2001.

NEVES, M. F., CASTRO, L.T. e FAZANARO, K., *Marketing e o novo consumidor de alimentos*. 2000. Disponível em: <INSERIR LINK>.

POPCORN, Faith, *O relatório Popcorn: centenas de idéias de novos produtos, empreendimentos e novos mercados*, Rio de Janeiro, Campus, 1994.

Capítulo 6
Considerações Finais

Num mundo em que conhecimento é poder, deve-se descentralizá-lo e disseminá-lo por toda a empresa. No paradigma de gestão que está em formação e que é abordado neste capítulo, a gestão do relacionamento aparece como cerne do diferencial estratégico das organizações.

A instabilidade e dinâmica dos mercados pode transformar qualquer empresa líder da noite para o dia. Mesmo com os melhores slogans e marcas, uma empresa pode perder sua posição no mercado. São as atitudes e não as palavras que fazem as coisas acontecerem. O alicerce principal passa a ser as relações mantidas com os públicos da empresa (cadeia de relacionamento), pois é necessário conhecer bem a estrutura do mercado.

Pelo exposto, o marketing de relacionamento enfoca o posicionamento dinâmico que compreende o posicionamento do produto (enfoque na dinâmica do mercado e ênfase nos fatores intangíveis e no conceito de produto total), o posicionamento no mercado (enfoque em conquista de credibilidade, na manutenção de relações sólidas e baseado nas percepções das pessoas que fazem parte da infraestrutura) e o posicionamento da empresa (relacionado ao sucesso financeiro).

A empresa passa a se voltar para o mercado, dentro do conceito de sistema aberto, e a enfocar suas energias nas relações com esse mercado. O marketing de relacionamento utiliza uma ampla gama de técnicas e processos de marketing, vendas, comunicação e cuidado com os clientes, para identificá-los de forma individualizada e nominal, estabelecendo um relacionamento duradouro. Todos os aspectos do contato com os clientes passam a ser gerenciados e apresentados para eles de forma a reforçar o posicionamento da empresa (STONE e WOODCOCK, 1998).

6.1 AS PRINCIPAIS VARIÁVEIS DO MARKETING DE RELACIONAMENTO

Os componentes e variáveis para o sucesso do marketing de relacionamento mais amplamente defendidos por vários autores são apresentados conforme a Figura 6.1:

Figura 6.1 – Variáveis do marketing de relacionamento.

6.1.1 CLIENTES (*CUSTOMERS*)

Tradicionalmente, os clientes podem ser definidos como compradores reais ou potenciais de um produto ou serviço. Algumas definições que se encontram na literatura para designar clientes possuem um caráter muito amplo, a exemplo da definição de Nickels e Wood (1999, p. 421): "indivíduo ou organização que compra ou troca algo de valor pelos produtos da empresa".

Os clientes devem ser a razão de ser de uma empresa. Sem eles não existe negócio. Entende-se que uma empresa voltada para o cliente aproxima--se dele ao máximo e fornece produtos e soluções que atendam e superam suas expectativas (condição necessária para o sucesso).

6. CONSIDERAÇÕES FINAIS

Algumas empresas possuem mais de um tipo de cliente. Além do consumidor final, a empresa precisa satisfazer seus outros clientes, como os acionistas, distribuidores, colaboradores, revendedores, representantes etc. Por exemplo: a teoria de *endomarketing* (marketing interno) sugere que uma empresa veja seus colaboradores como clientes internos.

Então, quando apresentamos o conceito de gerenciamento do relacionamento com o cliente, estamos tratando de todas as relações da empresa com os diversos públicos de interesse.

Mas porque a empresa vem demonstrando uma atenção cada vez maior ao cliente? A resposta é concorrência.

O crescente número de concorrentes aumentou a oferta de produtos no mercado e, consequentemente, aumentou as expectativas dos clientes em relação a um determinado fornecedor ou prestador de serviço. Isto significa dizer que, segundo Stone e Woodcock (1998), os clientes esperam que seus relacionamentos com as empresas sejam gerenciados de forma a agregar um valor cada vez maior.

Quanto mais atenção uma empresa dá ao seu cliente, menor é a possibilidade de insatisfação, e maior é a possibilidade de fidelização. Além disso, segundo Kotler (2000), as empresas estão se aproximando de seus clientes, porque estão percebendo que é a única forma de sobrevivência em um mercado competitivo.

Desta forma, o marketing deve estar estruturado na busca da plena satisfação do cliente. Mas, uma questão sempre aparece: e se o concorrente também atingir o nível de plena satisfação do seu cliente?

Se isso de fato acontecer, a empresa deve estar preparada para buscar novos diferenciais que possam contribuir para o "desempate". Uma empresa que detém uma quantidade de informações sobre o público-alvo e de forma também qualitativa sempre poderá identificar formas de diferenciação estratégica em relação à oferecida pelo concorrente.

Como desenvolvido anteriormente, as empresas precisam ter sucesso no atendimento aos clientes em todos os níveis da gestão da cadeia de suprimentos, ou seja, desde o fornecedor até o consumidor final. Por isso, Gordon (1999) afirma que devem ser considerados os seguintes atributos no processo de gestão do relacionamento:

- Infraestrutura tecnológica – Sendo a informação fundamental para as ações de relacionamento com o cliente, é preciso utilizar ferramentas, sistemas e outros meios que transformem dados em conhecimento.

A utilização da tecnologia, aplicada ao relacionamento com o cliente, pode resultar no diferencial competitivo almejado pela empresa.

- Cultura – Além do uso da tecnologia, a empresa deve fundamentalmente ter uma cultura organizacional orientada para o mercado. Não adianta fazer um alto investimento em tecnologia, se a empresa não cultivar a relação de aprendizado com todos os envolvidos no processo de comercialização.
- Estratégias de relacionamento – As ações mercadológicas desenvolvidas pela empresa devem ser realizadas a partir do resultado do conhecimento adquirido junto ao mercado sobre os clientes. Ou seja, a cada dia, a empresa deve atender os seus clientes buscando apresentar novos produtos e serviços fruto da relação de aprendizado.
- Processos organizacionais orientados para o mercado – Por meio dos processos organizacionais, a empresa pode estabelecer o rumo a ser seguido, com o objetivo de melhorar a relação com o cliente. Contudo, a adequação dos processos organizacionais a partir da perspectiva do cliente envolve mudanças estruturais e, portanto, normalmente altos investimentos da direção da empresa.

Podemos perceber a partir do que foi exposto que a gestão do relacionamento com o cliente é resultado de um conjunto de decisões estratégicas que a empresa deve adotar, sendo necessário estruturar e capacitar a organização para tal fato. Em resumo, as principais capacidades que uma empresa precisa desenvolver, levando-se em consideração o marketing de relacionamento, são: pessoal, processo, tecnologia, conhecimento e percepção.

Os clientes podem indicar para as empresas o que querem, por que querem ecomo querem que elas os atendam, diz Berry (2001), mas as empresas devem estar preparadas para captar estas informações e transformá--las em uma estratégia de negócios que, de fato, possa agregar valor ao relacionamento.

Por isso, costuma-se dizer que a capacidade de satisfazer os clientes é um desafio constante para as empresas que buscam sobreviver em um mercado competitivo.

6.1.2 A INFLUÊNCIA DA CULTURA E DOS VALORES NA GESTÃO DO RELACIONAMENTO

As empresas fazem parte de um ambiente mercadológico e interagem dinamicamente com ele, recebendo influências e influenciando-o. Segundo

Wood Jr. (2000), as empresas têm se deparado com novos cenários, cada vez mais dinâmicos e desafiadores, e têm buscado uma adaptação constante às novas realidades. Como não há opção à mudança, é necessário o abandono da atitude reativa para assumir uma postura proativa em relação às mudanças. Conhecer e compreender os mecanismos de mudança é fator fundamental para se desenvolver e se manter no mercado.

A cultura representa a identidade de uma empresa e, portanto, deve ser construída ao longo de sua existência e ajustada às novas realidades do mercado. Logo, o meio em que a empresa está inserida influencia valores, atitudes e comportamento das pessoas que fazem parte do processo de gestão e, portanto, reflete no desenvolvimento das estratégias.

A cultura e os valores da empresa precisam estar bem claros e definidos, de forma a criar um relacionamento duradouro, transformando-se em "construtoras de relacionamento". Gordon (1999) coloca que no marketing de relacionamento os valores e a cultura dos clientes devem ser conduzidos para formar relacionamentos a longo prazo.

6.1.3 A IMPORTÂNCIA DA LIDERANÇA

A liderança representa um importante elemento no processo de gestão do relacionamento com o cliente. O líder deve estar comprometido diretamente com a estratégia, tanto da alta direção como os responsáveis das diversas áreas responsáveis pela condução do negócio.

Ter uma relação de sucesso junto aos seus clientes só é possível se todos os envolvidos estiverem totalmente motivados e comprometidos com as estratégias adotadas pela empresa.

Por isso, o papel dos líderes passa a ser fundamental na eficácia e eficiência das ações. Segundo Berry (2001), os líderes devem ser defensores ardorosos da excelência no atendimento ao cliente. Entre as principais funções que um líder deve assumir estão, por exemplo, capacidade de se articular com todos os envolvidos, ter integridade, visão estratégica, conhecimento operacional etc.

Os líderes devem ser capazes, também, de identificar problemas, propor soluções e motivar as pessoas para a mudança, além de iniciar programas para implementar mudanças nos sistemas e procedimentos. O principal papel do líder na gestão do relacionamento com o cliente é ser o elemento facilitador no processo de mudança necessária para conduzir a empresa a ter o foco no mercado.

6.1.4 ESTRATÉGIA APLICADA AOS RELACIONAMENTOS

A estratégia aplicada aos relacionamentos influencia na alocação e alinhamento dos recursos necessários dentro de uma empresa, é o que coloca Gordon (1999, p. 49) quando afirma: "a estratégia precisa ser centrada no cliente, com objetivos e estratégias de relacionamento voltadas para os clientes individuais", e aconselha ser necessário que a estratégia ocorra em vários níveis, mas estando sempre centrada no cliente, o qual se transforma no fator relevante das estratégias de negócios.

Ainda conforme o autor, o crescimento sustentável deve vir de uma fonte estratégica, e os negócios devem ser modelados de maneira a:

- Decidir quais grupos de clientes devem ser atendidos, de que forma e quais os recursos serão alocados a eles.
- Desenvolver objetivos e estratégias diferenciados a cada grupo de clientes de tal forma a se sentirem plenamente satisfeitos na relação.
- Identificar e implementar processos organizacionais de forma integrada com todos os envolvidos na gestão do relacionamento com o cliente.

Na visão de Berry (2001), o foco estratégico é um fator sustentador do sucesso. As empresas devem se beneficiar de um conjunto claro de valores e de uma estratégia objetiva e motivadora; devem definir com clareza sua missão e criar um conjunto de ações para implementá-lo. É necessário ainda que sejam dinâmicas e inovadoras, buscando melhorar continuamente o valor de suas ofertas ao mercado, diferenciando-se cada vez mais dos concorrentes.

6.1.5 ESTRUTURA ORGANIZACIONAL COM FOCO NO MERCADO

A estrutura de uma empresa deve facilitar a sua estratégia, afirma Gordon (1999). A empresa deve ir além dos modelos tradicionais, pois a implantação da gestão do relacionamento com o cliente pode resultar numa maneira inteiramente diferente de estruturar a empresa.

6. CONSIDERAÇÕES FINAIS

> Uma empresa organizada conforme o marketing de relacionamento terá gerentes que possuem categorias específicas de relacionamento, com clientes atuais, novos clientes, funcionários, fornecedores, investidores e assim por diante. (GORDON, 1999, p. 49)

Neste contexto, Berry (2001) analisa que as empresas que buscam a excelência no atendimento ao cliente precisam desenvolver estruturas organizacionais tanto para estimular quanto para executar inovações. São mecanismos integrais e estruturais encorajadores e facilitadores da melhoria operacional contínua.

6.1.6 O PAPEL DAS PESSOAS

Como já tratado anteriormente, as pessoas são parte importante no processo de relacionamento. Gordon (1999, p. 49) diz que, no marketing tradicional, o conhecimento sobre o mercado e os clientes era centralizado, e o gestor de marketing procurava envolver outros profissionais da empresa nas estratégias. Agora, segundo o autor, as informações sobre os clientes são colocadas na linha de frente, onde clientes e empresas interagem. Os profissionais de linha de frente (*front office* – atendimento a clientes), que executarem e exercerem essa interação, estão sendo capacitados, desenvolvidos e transformados em precursores de um processo de busca por uma aliança com o cliente e a sua preferência.

> Cada vez mais, os profissionais de linha de frente estão se tornando consultores, trabalhando com os clientes para agregar valor às suas empresas [...] e quando o pessoal que atende o cliente em seu nome não está sobre controle direto da empresa, o sistema de recursos humanos se torna ainda mais complexo. (GORDON, 1999, p. 50)

Portanto, as pessoas na era do marketing de relacionamento administram a tecnologia e os processos que resultam em valor com e para os clientes e procuram conhecimento e percepção sobre eles. Berry (2001) categoriza: "quanto maior o envolvimento das pessoas na geração de valor para os clientes, maior o desafio", e "as empresas criam valor por meio do desempenho". Por esta análise, percebe-se a qualidade do produto como uma função da qualidade de desempenho, o que, consequentemente, é uma função da capacidade e motivação dos que realizam as operações.

Em outra afirmação, o autor sustenta que os serviços realizados diretamente para os clientes são inseparáveis das pessoas que os realizam. Desta forma, percebe-se que serviços são contatos e entende-se que contatos são relacionamentos, e se estes relacionamentos forem efetuados de maneira eficaz e eficiente, a questão da fidelidade estará se desenvolvendo naturalmente. Então tanto serviços como relacionamentos dependem das pessoas que os envolvem.

O sucesso de qualquer estratégia de marketing depende da motivação e do desempenho da equipe de atendimento e, mais especificamente, do marketing interno. Os relacionamentos de uma empresa com colaboradores e parceiros contribuem nos esforços de construção de relacionamentos com os clientes. Para Berry (2001), se as empresas dependentes de mão--de-obra não cultivam relacionamentos baseados em confiança com seus colaboradores, não conseguem também construir relacionamentos com os clientes. Sob a ótica do desempenho, o relacionamento empresa-colaborador é extremamente influenciador do relacionamento empresa-cliente.

6.1.7 TECNOLOGIA DA INFORMAÇÃO EM BENEFÍCIO DO RELACIONAMENTO

Quanto maior for uma empresa e mais complexo for o seu mercado de atuação, maior é a necessidade da tecnologia para permitir que o relacionamento com o cliente ocorra por meio de toda a sua cadeia de valor (*stakeholders*), diz Gordon (1999, p. 51).

As novas tecnologias aplicadas ao relacionamento com o cliente e o declínio dos custos de informação, processamento, armazenamento e comunicação estão propiciando a produção e entrega de produtos e serviços para o cliente, com preços acessíveis para este e para os fornecedores. Os computadores, os serviços on-line (internet), e-mail (correio eletrônico), telefones celulares, aperfeiçoamento da logística e muitos outros avanços são ferramentas poderosas que estão contribuindo para melhorar a gestão do relacionamento.

A Tecnologia da Informação facilita a aprendizagem eficiente sobre os clientes e analisa o desempenho das estratégias aplicadas ao relacionamento, aponta Berry (2001). Isso se dá pelo:

- Rastreamento dos padrões de compra e relacionamento geral dos clientes existentes.

6. CONSIDERAÇÕES FINAIS

- Padronização dos serviços, promoções e preços de acordo com necessidades específicas do cliente.
- Coordenação ou integração do fornecimento de múltiplos serviços para o mesmo cliente.
- Fornecimento de canais de comunicação empresa/cliente ou cliente/empresa.
- Minimização das probabilidades de erros e interrupções no serviço.
- Aumento das ofertas essenciais de serviço com ofertas extravaliosas.
- Personalização dos encontros de serviços com apropriados.

Entretanto, o uso desta tecnologia deve estar baseado na ética, pois sua utilização inadequada pode ser entendida pelo cliente como invasão de privacidade. Ao contrário do pretendido pela empresa, uma ação de relacionamento não baseada em princípios éticos pode gerar uma perda de clientes em vez da fidelização deles.

6.1.8 CONHECIMENTO E PERCEPÇÃO

A tecnologia deve possibilitar à estratégia de relacionamento o conhecimento necessário para desenvolver novas soluções que permitem constantemente encantar o cliente.

O grande desafio está na capacidade da empresa em deter informações sobre e para os clientes: "o conhecimento e a percepção vêm de dados sobre as interações, transações e comportamentos manifestos dos clientes, incluindo compra, atendimento e atividade de retorno". (GORDON, 1999, p. 100). A capacidade de desenvolver o conhecimento está intrinsecamente ligada às tecnologias que podem ajudar no desenvolvimento do conhecimento sobre o cliente, a exemplo do *data warehouse, data marts, database* e da extração de dados e da formulação de prognósticos que permitem uma certa previsão de comportamento (*datamining*).

As empresas, segundo Gordon (1999, p. 53), estão reconhecendo cada vez mais que devem trabalhar com seus clientes em processos conjuntos de criação de conhecimento para desenvolver vínculos profundos e uma capacidade maior para atender e formular eventos com eles. A gestão do relacionamento com o cliente deve se apoiar no conhecimento e na experiência; pressupõe a interatividade, a conectividade e a criatividade, para que o cliente realmente possa ser parte da estratégia da empresa no desenvolvimento de produtos e serviços que possibilitem agregar valor. Percebe-se com isso que se desenvolve um sistema contínuo e dinâmico, aproveitando os dados do mercado e transformando-se em informações estratégicas de retenção e fidelização de clientes. Então, mais do que captar dados e armazenar informações dos clientes, é necessário o desenvolvimento de estratégias adequadas ao mercado-alvo pretendido pela empresa.

6.1.9 PROCESSOS E PROCEDIMENTOS

A gestão do relacionamento com o cliente requer que os processos sejam estruturados ao redor do cliente, o que pode exigir novos investimentos para adequar os processos existentes.

No centro dos processos deve aparecer a figura do consumidor/cliente, e os conceitos de produtos e serviços devem estar voltados para esta estreita ligação com ele. Isso requer, muitas vezes, que os processos organizacionais sejam direcionados para uma ênfase na relação com o cliente.

Para Stone e Woodcock (1998), os principais processos organizacionais que permitem melhorar o relacionamento com o cliente devem atender aos seguintes critérios:

- Os colaboradores devem ter pleno conhecimento e entendimento do processo.
- As funções de cada colaborador neste processo devem estar claramente definidas e entendidas.
- O processo organizacional deve, também, produzir benefícios claros para os membros da equipe. Desta forma, os colaboradores passam a trabalham melhor, e com redução de tensão ou conflito.
- A equipe de colaboradores deve estar comprometida e motivada com o processo.
- O processo organizacional deve assegurar que a informação certa esteja disponível, no momento certo e para as pessoas certas.
- O processo deve dar suporte aos objetivos de marketing, sendo parte integrante da estratégia mercadológica, e permitir que a equipe de colaboradores tenha possibilidade de alcançar os objetivos propostos.

Para uma empresa atuar ao redor dos clientes que definiu como sendo o mercado-alvo, a gestão dos processos organizacionais deve ser desenvolvida com o objetivo de auxiliar na melhoria quanto à eficácia e eficiência dos relacionamentos, trazendo benefícios mútuos (empresa e cliente).

6.2 A PRÁTICA DO CRM NAS RELAÇÕES *BUSINESS TO BUSINESS*

A prática do relacionamento no mercado *Business to Business* (B2B), ou mercado corporativo, como chamamos no Brasil, ainda é pouco desenvolvida, e as empresas ainda não conseguiram estabelecer uma gestão de relacionamento eficaz, a não ser aqueles ligados ao conceito de produto/serviços e venda. Neste cenário, o papel do gestor que atua na área marketing será o de desenvolver a visão focada no cliente e estratégias de relacionamento para cada público-alvo e ligadas a cada um dos mercados em que a empresa atua.

A maior questão relacionada ao CRM corporativo reside no fato do relacionamento ser praticado com uma pessoa jurídica e assim a tendência é buscar a pessoa física neste segmento. No entanto, este mercado tem uma dinâmica muito diferenciada das demais, pois o conceito emotivo da relação é sobrepujado pela relação corporativa. Nesse sentido, as dúvidas mais constantes são ligadas à definição dos critérios mais importantes para administrar a relação com uma pessoa jurídica.

Assim como na esfera física, na área corporativa "uma empresa não é igual à outra" e "as necessidades são diferentes para cada mercado". Portanto, as perguntas sobre como se deve gerenciar o relacionamento são constantes, limitando as possibilidades de ações mercadológicas mais direcionadas às necessidades específicas de cada cliente.

Estas e outras perguntas são muitas vezes complexas, mas, ao mesmo tempo, com ferramentas simples é possível construir relacionamentos saudáveis e rentáveis ao longo do tempo.

O primeiro aspecto e o mais importante, muitas vezes esquecido em todo o mercado, assim como nos mercados de consumidor final, é que "uma empresa não é igual à outra". Quando uma empresa tem isso consolidado em sua maneira de administrar o negócio, já está a um passo de iniciar um bom sistema de CRM para o B2B (*Business to Business*).

Portanto, a primeira atitude a ser tomada em qualquer empresa é segmentar o mercado. Mas qual o melhor critério de segmentação a ser usado em sua empresa? Qual o melhor sistema de entender o cliente?

É importante lembrar que, quando iniciamos a segmentação, claramente uma nova subsegmentação surgirá – e aconselho manter o menor número de segmentações, pois a partir de um certo nível de divisão, inicia-se a administração de portfólio de negócios e não mais segmentos. Esta separação e entendimento são importantes para manter um aspecto fundamental e necessário à demanda da área de vendas e marketing: buscar a direção do negócio para poder dar o melhor foco; do contrário, poderá se buscar muita perfeição sem a condição de realização das ações propostas.

O tipo de segmentação de mercado a ser adotado estará baseado na dinâmica do negócio e mercado em que a empresa está inserida. O início de qualquer processo de segmentação deverá buscar os históricos de mercado e da própria empresa em seu mercado. Caso contrário, poderá ser proposto um sistema de segmentação que não se encaixa na dinâmica do mercado ou que não se encaixa na vocação da empresa.

Para obter as respostas e o tipo de segmentação a ser seguida, o profissional de marketing deverá realizar a primeira pergunta a seu mercado: qual a necessidade do cliente?

Para poder entender cada uma delas separadamente e assim se preparar para o início do relacionamento, a segmentação de mercado se faz presente como uma das formas de entender e se relacionar com cada empresa.

Uma segmentação muito usada e bastante simples é considerar o porte da empresa baseando-se no volume de faturamento ou no número de funcionários. A decisão por um ou outro critério dependerá do tipo de negócio feito entre as partes. Por exemplo: para uma empresa de serviços de refeição, convênio, benefícios de RH, vendas de móveis para escritório, linhas telefônicas etc., o critério mais próximo a ser utilizado é número de funcionários por empresa. Para empresas do segmento de software, marketing, treinamento etc., o faturamento anual é um critério importante, pois alguns negócios são fechados baseados no percentual de orçamento dedicado a cada área. O que importa é que o critério faça sentido para a empresa, seus acionistas, vendedores, ou seja, a ela toda.

Outra segmentação muito usada é a relacionada ao tipo de indústria com que a empresa se relaciona, baseando-se no ramo de atuação de cada empresa, como varejo, indústria, serviços etc. Este tipo de segmentação é muito usado por todas as empresas para dividir não só produtos como alocação de recursos de vendas e marketing.

Qualquer segmentação inicial fará sentido se for adequada ao perfil da empresa e aos produtos que a mesma comercializa.

A segmentação dirá como estabelecer o relacionamento diferenciado pelo tipo de necessidade em cada segmento de mercado.

6. CONSIDERAÇÕES FINAIS

Tomando como exemplo a divisão por porte de empresa, poderá ser verificado que empresas maiores tendem a ter necessidades muito parecidas, como vantagem competitiva, sustentação em seu mercado, enquanto empresas menores têm uma consideração de custos mais preponderante para ganhar massa crítica e buscar posteriormente o crescimento sustentado. Esta pequena visão já possibilitará o relacionamento, a comunicação, a criação de produtos, a administração da força de vendas e o foco estratégico de negócio diferenciado por tipo de segmento.

A cada nova avaliação é importante lembrar que é possível realizar uma nova segmentação. A dinâmica do mercado, os recursos da empresa e a capacidade de relacionamento com cada segmento dirão a necessidade de renovação dos critérios.

Depois de estabelecidos os tipos de segmentos, e já iniciando uma visão mais clara das necessidades do mercado, vem o momento de avaliar a dinâmica interna de cada empresa. Este conhecimento só será possível a partir do relacionamento constante.

A esta visão chamaremos de perfil de consumo, ou seja, como essa empresa se comporta na compra de produtos e serviços, como ela encara o fornecedor e quais são as expectativas que essa empresa tem com relação ao seu fornecedor.

O porte das empresas indicará em primeiro lugar o tipo de ferramenta que podemos alocar; o perfil de compras, por sua vez, fornecerá o direcionamento para o tipo de relacionamento dedicado à empresa e os pontos em comum.

Este comportamento se repetirá com certa constância entre os mercados e seus portes ou ramos de atividade.

Naturalmente, empresas grandes têm compras de grandes volumes e, portanto, demandam mais tempo e mais presença da empresa fornecedora. Empresas do ramo automobilístico têm um perfil de necessidade sazonal semelhante.

A cada necessidade relacionada ao perfil da empresa já podemos definir qual a melhor alocação de recursos e qual o melhor canal de comunicação com cada uma delas.

Tomando como base uma segmentação por porte, encontraremos alguns perfis de compra semelhantes.

Uma empresa de grande porte requer, pelo volume e constância de compras, respostas rápidas, atendimento exclusivo por parte do fornecedor, o qual, por obrigação, deverá conhecer profundamente a empresa e suas necessidades. Não raras são as vezes que profissionais dessas empresas necessitam de produtos numa velocidade maior que as outras. A figura do executivo de contas nesse mercado é constante e indispensável ao mesmo tempo em que a necessidade de informação para essa empresa é fundamental para o negócio, por isso, qualquer canal de comunicação e venda constante é muito requerido neste patamar de relacionamento. Não raros são neste mercado os portais e extranets customizados; mais constantes ainda são as ações de marketing voltadas a esse cliente – cartas, newsletter, reuniões, ações de retenção, *cross-selling, up-selling* etc.

Uma empresa de médio porte poderá contar com um atendimento exclusivo, mas não demandar tanto do fornecedor quanto a apresentada anteriormente. Portanto, as informações e o relacionamento dessa empresa com o fornecedor ocorrem em bases menos exigentes quanto à de grande porte. Neste momento, pode-se alocar um executivo de contas, mas dividi--lo com outras contas, e o sistema de comunicação poderá substituir a presença física por meio da informação constante entre empresa e fornecedor. Logo, o envio de malas diretas, newsletter e de informações sobre novos produtos e serviços poderá ser feito sem a presença física de um vendedor. Os sites de internet e as ações de mala direta altamente customizadas são muito usadas por esses mercados.

A empresa de pequeno porte, apesar de demandar a presença da empresa assim como faz a de grande porte, pode não demandar o número de transações desejadas e não ser menos importante por isso. Apenas o investimento em relacionamento pessoal acaba reduzido e substituído por meios de comunicação constantes, mas à distância, tais como, malas diretas com ofertas pontuais, estímulo para o acesso à internet etc.

O perfil de consumo dirá aos profissionais de mercado como devemos realizar a aproximação a cada um deles – que tom devemos usar na comunicação e que ferramentas podemos disponibilizar para cada uma delas.

A definição do perfil de consumo dependerá do conhecimento do negócio e das definições que melhor se encaixam à empresa. Cada profissional deverá avaliar em seu conhecimento de mercado qual perfil descreve melhor o comportamento das empresas e do produto com que lidam. Também deve ser avaliado que muitas vezes o perfil da empresa poderá estar ligado a apenas uma pessoa.

Para atender o objetivo proposto por este livro de demonstrar o exercício da segmentação, imaginemos que empresas possuem três perfis de

6. CONSIDERAÇÕES FINAIS

consumo básicos: transacional ou voltado ao produto, voltado ao relacionamento e estratégico.

Empresas com perfil transacional apenas buscam a compra do produto pelo preço. A relação "o quanto custo" e o "esforço de compra" a ser oferecido a ela estão acentuados.

Empresas voltadas ao estilo de relacionamento, por sua vez, utilizam a ponderação de produtos e serviços agregados para a escolha de seu fornecedor. Uma empresa deste estilo avalia não somente o produto, mas os benefícios que o composto oferecido traz ao seu negócio. Portanto, estará buscando informações e conhecimento sobre a empresa e o produto.

Por último, o perfil estratégico vislumbra uma relação de longo prazo que considera a empresa fornecedora como parte de sua estratégia de crescimento no mercado. Buscará da empresa não apenas conhecimento e informação, mas também soluções integradas para o negócio.

Baseado nestes dois princípios básicos de relacionamento já é possível montar uma matriz poderosa de relacionamento. Com o auxílio de sistemas tecnológicos, este relacionamento se dinamiza e se disciplina numa velocidade e agilidade que acaba se transformando em vantagem competitiva para qualquer empresa que adota o CRM.

O segmento da empresa tenderá a seguir um mesmo comportamento pelas suas necessidades mercadológicas, a alocação dos recursos será a ponderação entre estas duas variáveis mercadológicas e então podemos considerar os meios digitais como instrumentos poderosos na visão do relacionamento do cliente.

Depois de segmentar a empresa entre o porte e o perfil, é o momento de avaliar qual a capacidade de cada uma delas em gerar demanda financeira para si mesmas.

Poucos são os profissionais deste mercado que, neste aspecto, realizam um importante exercício que permite mais uma visão ampla sobre o negócio. Esta nova visão daqui para frente possibilitará a um profissional ser mais bem-sucedido em seus investimentos.

Cada uma destas empresas apresentará um retorno sobre o investimento diferenciado. Para cada um dos mercados, teremos um volume de vendas e margem esperado, o que será o guia para que as empresas empreendam e aloquem seus recursos na busca da melhor maneira de exercer o marketing um-a-um sustentável e lucrativo.

Uma assunção básica é que grandes empresas compram mais pelo menor preço, no entanto, anualizados os valores investidos, será percebido que elas são um grande pilar de sustentação para que o negócio se sustente. Para essas empresas, a conta básica de quanto elas trazem de lucro e margem para a empresa ao ano é fundamental para a decisão sobre a melhor maneira de se relacionar com ela.

Aqui podemos aplicar uma nova segmentação nas empresas: aquisição, desenvolvimento ou retenção. Falaremos sobre isto um pouco mais adiante.

Tomemos como exemplo um produto básico de consumo em uma empresa de grande porte: material de escritório.

Exemplificar cada uma das empresas em relação ao seu porte é bastante simples – vamos considerar o número de funcionários como segmentação básica. As linhas de corte se darão de acordo com a análise do negócio, seu foco em atender o mercado, seu posicionamento competitivo e sua capacidade produtiva.

Um grande atacadista de material de escritórios poderá segmentar seu negócio de acordo com o porte das empresas e sua capacidade de atender a demandas previstas. Por exemplo: uma empresa de 1.000 funcionários poderá consumir em média um pequeno bloco de anotações ao mês por funcionário. Este indicativo já dá à empresa condições de avaliar seu posicionamento estratégico no mercado e suas capacidades internas para verificar qual a melhor linha de corte para seus segmentos, assim como a vocação de fornecer em grandes ou pequenos volumes. Cada indústria definirá a melhor maneira de conduzir e segmentar seu mercado.

A compra desta empresa é realizada em bases mensais e, devido ao tamanho da empresa, esta é assediada por um número muito grande de concorrentes oferecendo os mesmos produtos em outras configurações.

Como realizar o relacionamento com esta empresa? Que tipo de produto ou serviço oferecer a ela? Como priorizar o atendimento a ela ou que tipo de atendimento oferecer a ela?

A resposta virá a partir de duas variáveis:

1. Que perfil de compras esta empresa possui?
   - Transacional – Está apenas preocupada com o preço do produto e não com o valor agregado que temos a oferecer. Portanto, busca apenas otimização de custos e rapidez de resposta.
   - Relacionamento – Está buscando encontrar soluções customizadas para seu negócio e assim obter a melhor relação custo x benefício.
   - Estratégico – A visão de longo prazo e confiança nos sistemas das empresas fornecedoras são apreciados de modo a participar verdadeiramente do negócio de ambas as empresas.

6. CONSIDERAÇÕES FINAIS

2. Qual a margem obtida com este cliente?

- Margem positiva alta – A compra do cliente nos volumes oferecidos permite que se mantenha o negócio extremamente saudável e lucrativo ao longo do tempo.
- Margem positiva – A compra do cliente nos volumes oferecidos permite manter o negócio saudável e lucrativo ao longo do tempo.
- Margem zerada – A compra do cliente apenas cobre os custos de vendas, permitindo atingir o ponto de equilíbrio.

A partir destas respostas é que vamos iniciar a matriz de relacionamento com cada uma das empresas.

Vamos avaliar uma primeira hipótese:

Empresa de grande porte – Perfil transacional – Margem positiva.

Esta empresa tenderá a exigir da outra empresa apenas a presença física e de comunicação, mas não buscará desenvolver com ela nenhuma relação de longo prazo.

A resposta para esta aproximação será:

1. Desejar transformar esta empresa do perfil transacional para o perfil de relacionamento.
2. As margens praticadas e os volumes obtidos trazem o retorno necessário para as ações de marketing que são criadas?

Caso a resposta à pergunta seja "não", a empresa é transacional e assim continuará por não ter como perfil o foco de relacionamento, então o melhor é oferecer a ela sistemas de preços e produtos adequados e sistemas de transação ágeis e facilitados:

- Criar sites na internet com lista de produtos e preços e estabelecer com a empresa bases de descontos fixos.
- Oferecer sistemas de compras à distância cujo custo é mais baixo e, portanto, aumentará a margem do negócio, mantendo-o saudável.
- Criar formas de comunicação constante a baixo custo: malas diretas, ofertas relâmpago, fax marketing, e-mail marketing etc., as quais serão adequadas ao perfil deste consumidor.

Há momentos em que, mesmo sendo a empresa de grande porte, podemos definir que o investimento não resultará em maiores retornos para o negócio. Assim, o CRM deverá ser desenvolvido com consistência e sustentação, do contrário, as empresas poderão dizer que o CRM não funciona, pois não traz lucros.

Reforçamos o conceito de que uma empresa não é igual à outra, portanto, é necessário dar a cada uma delas o tratamento adequado.

Como conhecer o perfil da empresa e como transformá-lopara o patamar que queremos? Só há uma resposta – relacionando-se com a empresa e aprendendo como ela tem se sentido em ser tratada.

O tom da comunicação com esta empresa seguirá a decisão de transformá-la em relacionamento ou manter o status em transacional. As estratégias de relacionamento e marketing virão a partir das decisões e necessidades da empresa como um todo. Por exemplo: se o portfólio de clientes de grande porte com perfil transacional está muito alto, pode ser criada uma campanha baseada em informar mais estes clientes sobre as vantagens de se transformar em clientes de relacionamento, além de, claro, medir os retornos e a efetividade da ação.

6.2.1 EMPRESA DE GRANDE PORTE – VOLTADA A RELACIONAMENTO – MARGEM POSITIVA ALTA

Quando esta situação ocorre, é importante ressaltar um aspecto mercadológico: quando as margens estão muito altas em uma empresa de grande porte, o risco de ela se sentir lesada no relacionamento é grande e, portanto, o saldo deverá ser visto com cuidado e transformado em parte do negócio para manter este cliente fiel o maior tempo possível.

A empresa com este perfil está buscando de seu fornecedor uma aliança de prazo mais duradoura e procurará agregar valor à sua relação. Portanto, para ela é necessário destacar mais intensamente a presença física em bases constantes, além de oferecer produtos com serviços agregados e desenvolver junto com a empresa o conceito da relação custo/benefício. Para esta empresa, o nível de informação e conhecimento é fundamental, portanto, para ela, é necessário estar constantemente expandindo o conhecimento por meio da troca de informações entre as partes, motivo pelo qual a presença física de um vendedor é tão importante para aumentar e consolidar a relação e prepará-la para o próximo patamar.

Neste momento o papel do profissional de marketing é conhecer as necessidades da empresa e desenvolver produtos que possam agregar valor ao negócio. Por exemplo: a entrega dos materiais de escritório ser realizada dentro dos escritórios da empresa-cliente, sendo o controle de estoque realizado pelo fornecedor que compartilha esta informação por meio de um extranet exclusivo entre as empresas, consolidando, assim, as informações do relacionamento comercial entre as empresas (relatórios de compras, datas, valores acumulados, total em estoque, produtos mais consumidos etc.). As solicitações de compras poderão ser realizadas por meio de sistemas digitais e de internet, sem a interferência humana, disponibilizando os recursos humanos e de marketing focados em desenvolver soluções para este cliente.

6.2.2 EMPRESA DE GRANDE PORTE – ESTRATÉGICO – MARGEM ZERADA

Esta situação é uma constante nos mercados competitivos atuais: as empresas são ótimas compradoras, mas suas margens de negócio não são positivas e altas como as anteriores.

Aqui cabe uma ressalva sobre a melhor administração do portfólio de vendas, que naturalmente na matriz BCG conhecemos tão bem. Nos casos de margens zeradas, é fundamental encontrar um aspecto do negócio que as transforme em margens positivas. Isto normalmente ocorre a partir da venda de serviços e produtos complementares – usando a experiência do varejo que constantemente realiza liquidações especiais com o objetivo de atrair o público para o local de compra, de modo que os produtos complementares vendidos têm suas margens saudáveis, possibilitando a sustentação do negócio.

Um cliente estratégico estará interessado em manter com a empresa, e não apenas com a pessoa que representa a empresa, um relacionamento sólido e de longo prazo, envolvendo a empresa fornecedora em seus planos de negócio. No negócio de nosso exemplo, uma empresa com perfil estratégico estaria buscando a empresa fornecedora para melhorar a administração de seus ativos, criando entre as empresas uma administração em conjunto. Nada impedirá a empresa fornecedora de desenvolver um projeto de compras descentralizadas com a implantação de sistemas de ordens por meio digital ou centrais de compras únicas interligadas ao fornecedor, ou ainda serviços de desenvolvimento de fornecedores externos para novos projetos.

Esta empresa demandará a presença e o envolvimento da empresa como um todo, sendo necessário para isto um outro grau de conhecimento da empresa e mais ainda do negócio em que ela atua para buscar a melhor solução que tenha sinergia entre as empresas. Neste ponto do relacionamento, o conhecimento mútuo é fundamental, e a troca de informações e *know-how* é constante entre as partes.

As ações de marketing estarão voltadas a desenhar a melhor forma de relacionamento para que a necessidade seja satisfeita. Por isso, é importante reforçar que não basta à empresa investir em tecnologia para estabelecer o contato com o cliente. A tecnologia deve ser aplicada em conjunto com ações de relacionamento direcionadas a públicos específicos e com objetivos empresariais definidos para que assim possam gerar negócios em bases sólidas e constantes.

O tom desta comunicação estará mais voltado à troca de conhecimentos e informações do que relacionado aos produtos e serviços.

Cabe uma informação importante sobre o uso de sistemas de internet no relacionamento com o cliente: muitas empresas encaram a internet como um mercado adicional ao existente. O primeiro preceito a ser entendido é que os sistemas digitais deverão fazer parte da cultura da empresa, e ela deverá usar este espaço como uma extensão de seu próprio modelo de relacionamento com o cliente. Não há sucesso no ambiente digital quando este não faz parte da empresa; a visão deste sistema deverá passar pela visão estratégica do relacionamento com o cliente. Tudo que uma empresa realiza no mundo físico, ela deverá ser capaz de reproduzir no ambiente digital, com a vantagem tecnológica de ganhos de informação em escala e armazenagem.

Muitas empresas já se aventuraram e criaram site sem relacionar seus objetivos digitais com os físicos e, aí sim, existe um problema conceitual que impede o crescimento das mesmas no mercado.

Para que a internet faça sentido no negócio, a análise proposta neste capítulo se faz necessária, de modo que todo o conteúdo e o sistema de *e-commerce* estarão ligados à maneira como o mercado é entendido em seus requisitos. Estas são pequenas análises que darão a consistência necessária ao desenvolvimento do trabalho de relacionamento de uma empresa com seu mercado.

6.3 REFERÊNCIAS

BERRY, Leonard, *Descobrindo a essência do serviço: os novos geradores de sucesso sustentável nos negócios*, Rio de Janeiro, Qualitymark, 2001.

BOYETT, Joseph H., *O guia dos gurus: os melhores conceitos e práticas de negócios*, Rio de Janeiro, Campus, 1999.

CAMPOS, José Antônio, *Cenário Balanceado: painel de indicadores para a gestão estratégica dos negócios*, São Paulo, Aquariana, 1998.

CHIAVENATO, Idalberto e MATOS, Francisco Gomes de, *Visão e ação estratégica*, São Paulo, Prentice Hall, 2001.

DOLABELA, Fernando, *Oficina do empreendedor*, São Paulo, Editora Cultura, 1999.

DRUCKER, Peter F., *Desafios gerenciais para o século XXI*, São Paulo, Pioneira, 1999.

GORDON, Ian, *Marketing de relacionamento: estratégias, técnicas e tecnologia para conquistar clientes e mantê-los para sempre*, São Paulo, Futura, 1999.

KAPLAN, Robert S. e NORTON, David P., *A estratégia em ação: Balanced Scorecard*, Rio de Janeiro, Campus, 1997.

KAPLAN, Robert S. e COOPER, Robin, *Custo e desempenho: administre seus custos para ser mais competitivo*, São Paulo, Futura, 1998.

KOTLER, Philip, "Valor com valor se paga", *HSM Management*, São Paulo, nº 19 (2000), p. 6-16.

MARAMALDO, Dirceu, *Estratégia para a competitividade*, São Paulo, Produtivismo, 1989.

MORGAN, Gareth, *Imagens da organização*, São Paulo, Atlas, 1996.

NICKELS, William G. e WOOD, Marian B, *Marketing: relacionamentos-qualidade-valor*, Rio de Janeiro, Livros Técnicos e Científicos Editora S/A, 1999.

STONE, Merlin e WOODCOCK, Neil, *Marketing de relacionamento*, São Paulo, Littera Mundi, 1998.

STONE, Merlin, WOODCOCK, Neil e MACHTYNGER, Liz, *CRM Marketing de relacionamento com os clientes*, São Paulo, Futura, 2001.

TERRA, José Cláudio C., *Gestão do Conhecimento: o grande desafio empresarial*, Rio de Janeiro, Negócio, 2000.

WOOD J. R., Thomaz (org.), *Mudança organizacional: aprofundando temas atuais em administração de empresas*, 2ª ed., São Paulo, Atlas, 2000.

SOBRE O AUTOR

LUIZ CLAUDIO ZENONE é doutor em Ciências Sociais e mestre em Administração com ênfase em Marketing pela Pontifícia Universidade Católica de São Paulo – PUC/SP. Consultor e pesquisador em marketing, possui mais de 30 anos de atuação na área de Gestão, Marketing e Vendas. É professor de Marketing nos cursos de Graduação em Administração e de Pós-graduação (MBA em Marketing & Inteligência Competitiva | lato sensu| COGEAE), promovidos pela Pontifícia Universidade Católica de São Paulo (PUC/SP). Palestrante, conferencista e debatedor em assuntos ligados a gestão e estratégia de marketing aplicados as diversos setores da economia. Autor de livros na área de marketing entre eles: *Marketing Sustentável: valor social, econômico e mercadológico; Marketing Futebol Clube; Marketing: conceito, ideias e tendências; Marketing de Relacionamento: tecnologia, processos e pessoas; Marketing da Promoção e Merchandising, Customer Relationship Management (CRM) – mudando a estratégia sem comprometer o negócio,* entre outros trabalhos de coautoria e de organização.

Impresso por:

Docuprint
CNPJ 01.036.332/0001-99